John Henry Merryman,
Rogelio Pérez-Perdomo 著

藍元駿 譯

# 大陸法傳統

——西歐與拉丁美洲的法律制度概述

五南圖書出版公司 印行

JOHN HENRY MERRYMAN AND
ROGELIO PÉREZ-PERDOMO

# The Civil Law Traditon

AN INTRODUCTION TO THE LEGAL
SYSTEMS OF EUROPE AND LATIN AMERICA

Third Editon

STANFORD UNIVERSITY PRESS
STANFORD, CALIFORNIA 2007

# 目　錄

# 專業推薦

## 約翰・亨利・梅利曼與大陸法傳統

約翰・亨利・梅利曼（1920年出生於奧勒岡州波特蘭市，2015年卒於加州帕羅奧托市）早年有兩項人生志業：音樂與學術。他在音樂上的才華，使其不僅得以靠音樂獎學金支應早年的學費，更足以進行職業水準的表演，以負擔日後所受的法學教育。他在學術上的興趣延續整個大學生涯，一直到取得化學碩士。當時爲了尋找更富有人性的知識領域，他來到法學院，從事法律的教學與研究，並成了財產法領域的教授。他的學術生涯啓始於聖塔克萊拉大學（1948-1954），並且開始發表學術文章，此事在當時並非法學教授所熱衷。他與南茜共結連理，她鍾情於造型藝術與國際政治。當時聖塔克萊拉大學爲天主教大學而夫人曾離過婚，因此梅利曼被迫離開現職。他前往鄰近的史丹福大學，同時受聘爲法律圖書館員與教授。他從1954年在史丹福任教，一直到2015年。

在六十年代早期，史丹福法學院院長亟須一名比較法教授，也十分認同梅利曼的學術志業，因此向其詢問是否有意願前往歐洲一年，學習歐陸法律制度與比較法。於是約翰與南茜興高采烈，並選擇了義大利。梅利曼工作勤奮，先是學習義大

利語，接著體驗義大利的法律文化。他的工作成果，見於1965年起一系列的發表著作。本書《大陸法傳統》以及被其一律冠上「義大利風格（Italian Style）」的系列文章，可說是其比較法鉅著的發端。此後諸多專書著作也相繼問世。

七十年代的梅利曼，將注意力轉向拉丁美洲。其在〈史丹福法律與發展計畫〉（或稱SLADE計畫）中，在弗利曼、克拉克以及許多其他拉丁美洲及拉丁歐洲學者的協助下，從六個國家收集了當地在1945-1977年間一系列的社會與法律指標，用以分析其趨勢以及最終的各種因果關係。梅利曼根據這些資料發表了數篇文章，但這個充滿雄心的計畫卻無法圓滿完成。1998年我來到史丹福時，弗利曼教授與我共同決定接續推動此一計畫，不過將觀察時間聚焦在二十世紀的最後幾十年，也給予各國作者挑選並討論相關資料的機會。所完成的《全球化時代的法律文化》這本書，基本上算是向梅利曼教授致敬。

梅利曼的知識根源於美國唯實論的法律思想，強調變動中的法律。其後，他更關注法律與社會運動。我們曾共同開授關於比較法與社會的課程兩年。他在比較法領域所展現極富創新的唯實論觀點以及法律社會視角、其對大量不同資料的整合能力，以及清晰明快的寫作風格等，均使其在比較法領域的碩果更臻高界。《大陸法傳統》此書可能是其最廣為人知的作品。其讀者群已超出作者當初的預設，影響力不限於美國的法學

院學生與律師。本書被譯爲各種文字。在許多大陸法傳統的國家，本書更成爲學生了解自身傳統與法律文化的第一本書。

在2005年梅利曼希望我能更新此書。我遵照辦理，並討論各種可能的改變方向。他基本上樂表贊同，並將我列爲共同作者。不過儘管如此，我依舊認爲此書是其扛鼎之作，自己的角色則是在新興有力的趨勢出現於我們傳統之時將以納入此書。

梅利曼教授不僅只是比較法的創新者。他基本上開創了一個新的法律分支：法律與視覺藝術。他也是一名偉大的法學家，更是一位飽富人文學養之士，對倫理學、藝術以及各國法律與政治等亦多有涉獵。他在這些領域均有極大貢獻，實至名歸。而我則希望能以上述簡短幾段文字介紹他，也介紹他這部經典雋永的傳世之作。

Rogelio Pérez-Perdomo
Stanford Univerity

## 比較法律人有賴寬廣的心胸與視野

《大陸法傳統》乙書，原爲寫給浸淫於普通法傳統人民，認識地球上另一法律傳統的小書。但對大陸法國家的人民，也成爲透過本書了解普通法傳統的鑰匙。主要是本書有歷史縱深、有法社會學的分析，更重要是本書作者有寬廣的視野、博大的心胸，不僅正視羅馬法以來最具影響力的傳統，並在本書結語還宣告大陸法已進入「嶄新而充滿活力的發展期」。本書也成爲了解西方法律傳統之歷史與社會背景，培育寬廣博大心胸的小冊，但本書對現代仍具活力之東方法學思潮傳統仍尚未觸及，不能說是小瑕疵；如以作者寬博心胸，假以時日加入不同比較元素，更能激發本書火花。

《大陸法傳統》早有中譯本，該書現已更新新版，加入許多原版未有觀點及新近發展，例如基本權保障與歐盟法影響，新譯本由多次至德日法長期問學、並通曉多國語文與歷史文化之藍元駿教授翻譯，不僅譯文更爲優美暢達，對背後歷史文化意涵更能精準掌握，實爲一本現代法治國家大學通識課程最值推薦的一本書。

法學教育面臨時代挑戰，必須不斷回應。高階人才的培育

與訓練為百年大計，刻不得閒，法治素養更是踏入國際舞台，進行實質交流的第一步。法學教育不單只為專業法律人士服務，從事法律職業之人也不以法律相關科系畢業者為限。今日學習法律之人，應及早懷抱開放心胸與視野，因為日後的挑戰與取得的成就，資格及任用只是其中之一。

葛克昌

東吳大學法學院專任客座教授

台灣稅法學會理事長

# 推薦序三

　　十分榮幸能夠爲梅利曼教授備受推崇之鉅著《大陸法傳統》的中譯本作序。此書得以出版，要歸功於並特別感謝身爲翻譯創作人，執教中國文化大學的藍元駿教授。此書對於人民權利——亦即「正義」——的促進，應能產生重要的激勵作用。

　　這本書最初出自約翰·亨利·梅利曼教授之手，内容誠如本書副標所示，論及歐洲及拉丁美洲大陸法國家的法律制度與思想。如今被譯爲中文的則是合著的第三版。本書並非只是大陸法傳統的單純介紹；每每閱讀此書，均使我對法律的本質和它的運作方式產生新的想法。

　　個人在名古屋大學使用此書作爲教材已逾二十年，其間一直期待與修課同學分享自己閱讀此書的愉悅。此書基本上儼然已成自己的案頭讀物（座右の書），而我也願意以如此方式向同學介紹它。當時的學生Martin——也就是現在的藍元駿老師——便是一位這樣的學生。他能將我的話銘記在心。他告訴我他自己也在其課堂上教授此書，對我而言可是美夢成眞。

　　且讓我來嘗試説明自己目前閱讀此書的體會。此書透露給我們的，並非只是大陸法傳統的特徵，更是法律的本質。我所

任教的科目，名爲「法與法曹（Law and its Personnel）」，強調的是法律要能發揮實現正義的功能，必須跳脫紙上文字或概念框架；它必然是一個運轉中的社會系統，由具備相關素養的人員進行操作。

大陸法傳統中的法律孕育自羅馬法，而羅馬法其後則發展成爲當代民主政體的基石。所謂的「法治（rule of law）」，意謂著古羅馬法制逐步融入現代民主國家的演變過程，提供了人民運用政治權力以實現正義的場域。《學說彙纂》是羅馬法的主要文本之一，其在一開頭便將正義界定爲「*constans et perpetua voluntas ius suum cuique tribuendi*」，用現代的用語來說，便是「恆常永久使人人享有其權的意志」。此種「社會正義乃是不斷致力於提供每位人民其權利之政治意志」的理念，正是大陸法傳統中法律的目標或理想。

梅利曼從歷史中淬取出大陸法傳統的主要來源，此爲實現社會正義的部分：傳統的法源（羅馬民法、教會法與商法）、法國大革命、現代國家的法典及其編纂，以及一個民主法治政體中法律的教學、研究以及實踐。上述最後一項的實現，有賴使此類社會活動成爲可能之社會組織——此即律師的職業社團、大學的法學院、司法制度，以及三權分立政府當中由司法扮演要角的民主機制。

當代法哲學最困難的問題是：自願追求此種正義的政治

意志（亦即平等提供每位公民個人權利）如何可能存在？所有的政治權力難道不都是自我中心，而只服膺於當權者之便？問題的答案自然是肯定的。因此，只有當政治權力的壟斷者，是一個其自身利益即在實現全體正義的實體之時，此種政治意志才會存在。政治的領導權勢必要交給社會中每個單一成員。否則，它將由社會的一部分或特定群體所控制，而由於所有的政治意志均以自我為中心，因此政治權力將不可能為了全體利益而行使。普世的利益，僅存乎所有人民團結成為一個集體式、主權在民的獨占性權力之時。而我們如何稱呼此種政治體制呢？就是民主政體，或用林肯的說法：一個民有、民治與民享的政府。

首先第一，當我們有了能夠界定法律正義的社會體制；然後第二，當該體制的政治權力專屬於人民，而且個人利益與實現全體正義的普世利益相互一致；接著第三，當所有政治權力的行使均合於法治之時；而也只有在此種情況，我們的制度才能夠擁抱正義。因此，當我們將法治理念融入人民主權的體制時，我們才能擁有合於正義的法律與政治制度。而大陸法的制度正是此種制度，一種歷史生成的產物，使得法律與權力能如此這般地運作。無論它是真能實現正義或是徒具其名，繫於掌理政治系統的人員，此在自由民主政體之中特別見於司法制度。

自憲政民主體制建置以來，大陸法傳統的進展不過兩個半世紀，但其劇烈程度不亞於在過去國家與人民之間由主人賓客關係轉爲公僕侍奉關係的變革，此事始於十八世紀末而與民主政體由多數決模型演進至憲政模型的時期近乎重疊。兩種模型的主要差異何在？多數決模型認爲民主所以重要，是因爲其克服了所有掌權者爲主人而非僕人的政治體制。在民主政體中，人民才是主，政府則是公僕，但這是指在公共領域而非私領域，不是倒過來。然而依照憲政模型，民主政體本身不再重要。此模型認爲重要的不是民主政體，它所以具有重要性是因爲它是最佳選項，也可能是人類所知唯一能夠實現正義的方式。因此，民主的眞諦，在於一種恆常而永久的期盼，可以儘可能地平等提供每個單一人民其權利。

　　梅利曼將這個趨勢歸結成四個動向，其眼光犀利依舊（參照第三版作者序）。第一，憲法化（Constitutionalization），或者說憲法作爲高階法律用以判斷法律與行政行爲是否合於正義的重要性日增。第二，司法化（Judicialization），或者說法官權力與地位的不斷增長，特別是具有審查立法與行政行爲是否違憲之權的法官。第三，去法典化（Decodification），亦即透過法院的解釋與判決以及跨國性的法律規範如我們如今所謂的歐盟法，排擠或取代了主要的法典。梅利曼在此一脈絡中提到「立法相對重要性的下降」。第四，聯邦主義

（Federalism），即他所謂統治主權其權威性的低落。就其對外面向，區域性法律規範（如歐盟法的理論與實務）在內國的權威性可茲代表。至於統治主權在對內面向的低落，作者雖沒有明白指出此事，但OECD成員國多國為聯邦國而非單一國體制一事，在在顯示地方政府對於民主理念的推動極其重要。

我個人則將這些動向歸結為「民主的方法論化（Methodification of Democracy）」或「正義的實質化（Substantivation of Justice）」。所有這些運動都可以被視為用以儘可能平等實現個別單一人民其權利之民主理念的各種方法，彼此不同但相互關連；它們都是對民主政體及其背後資本主義經濟的設想模擬，作為運作更完善的正義體制。從而，當法典化激化了資本主義之惡，擴大了貧富差距，進而阻礙了平等實現權利的基礎條件時，勞動法與其他所謂的社會法領域則應運而生，以緩解自由放任資本主義的苦果。犧牲公私法的明確劃分，以及伴隨而來法律概念體系日消月損而終成拼湊之物，則是實質正義的合理代價。

緊接而來的是權力分立原則名存實亡。司法與行政部門均有其各自獨特的造法權限，此為大多數大陸法地區所承認，儘管在程度上有所不同。此與「立法相對重要性下滑」實為一體的兩面。而當現存的法律規範及其解釋不再滿足權利平等的需求時，憲法則於焉示現，由法院決定自身以及其他部門之行為

的合憲性，方式通常爲剝奪這些行爲的效力。此足以顯示憲法化與司法化在實現正義的作用，並非徒具虛名。

因此，法律的精神，繫於那些運作「法治」系統之人，存乎這些人期待平等提供個人權利的意志之中，而這股意志則是持續而永久。當然，沒有一本書是完美無瑕的。本書對於大陸法在亞洲的認識與實踐情形，篇幅顯然相對有限。同時，由於聚焦拉丁歐美世界之故，大陸法傳統當中關於德國與北歐在法文化上的差異，以及其與南美洲的區別則輕描淡寫，從而所作分析未必盡如人意。但縱雖如此，我依然深信，同時也欣見，透過藍元駿教授在中文世界的引薦，將帶給我們在二十一世紀更寬廣的道路，通往普世的正義。

森際康友

名古屋にて

明治大学法学部特任教授

# 推薦序四

　　一個國家要能繁榮與和諧，取決於其文明行為的規則，使人們得以在追求各自人生目標時，不妨害他人所同享的自由。這些規則包含國家的基本法律，其保護生命、自由與財產，也促成自願的交易與合作。這些法律也大致涵蓋私法。一個社會的存在，是因為其大部分的成員在多數情況下，均非受脅迫地遵守著這些法律。此事能夠實現，只有在法律能大致反映社會上的文化、道德觀，還有正義與公平競爭觀念之時，方足致之。

　　而即便在法治實踐最深的社會中，法律爭議也在所難免。所爭者如法律文義、相關事實等，在實質憲政國家中更涉及法律的效力及其適用。因此有賴適格而公正的法院，以及公平的司法程序與證據法則。

　　歷史在過去造就了兩大法律傳統，大多數的國家多少均受其浸潤。普通法傳統由深植英國的習慣演化而成，其中法院有權決斷具體案件，而政治的發展則在拒使君主享有立法權限。大陸法傳統則祖述古典羅馬法以及兩位絕對統治者——查士丁尼一世（統治期間為527-565）與拿破崙（統治期間為1804-1814）——的努力，透過其威權式的法典化過程而賦予法律明

白與確定的特性。

兩大傳統的哲學思維，反映的是截然不同的歷史脈絡。普通法的思考中，法律是一個發現的過程。如同海耶克所說，普通法正是人們日常生活仰賴的行為慣性所自然形成的秩序。普通法法官的任務，便在於維持此一不斷發展的行動秩序，只在必要時調整法律以因應社會與環境變遷的需要。對之，大陸法傳統則反映笛卡爾式的理性主義，深信法律的最佳表現，應是由理性之人所設計出具有邏輯、全面以及連貫的體系，至於法律的權威則出自至高無上的立法者。大陸法傳統中理想的法律形式，是一個能夠確保立法優位性的法律制度，並將司法對於立法的適用，化約為操作機械的活動。

然而，誠如梅利曼的經典作品《大陸法傳統：西歐及拉丁美洲法制簡介》所示，兩大傳統儘管歷史、理論、方法與文化大相逕庭，但重要面向均有交集。如今第三版為Rogelio Pérez-Perdomo所共著，此一大師級的作品已非一純然的大陸法論著。讀者得以獲致普通法其歷史與哲學的深刻洞見，體會其如何成功透過看似不具體系的方法來確保人類自由與繁榮的條件。

由於法律有其本質內涵，因此兩大傳統有所交集實屬必然。不待解釋的法律不會存在，因為法律必然要適用到事實之上，而事實的變化無窮無盡。一部法律如果意在囊括任何無論

可否設想得到的事實，勢必非得鉅細靡遺、複雜至令人費解。因此，法律所使用的文字，一般必然透過界定範疇才能理解。一個情境能否歸於特定範疇之中，一般而言還算清楚，但處於灰色地帶的個案便有賴人的判斷。大陸法傳統並不偏好司法判決先例的制度。大陸法法官與律師儘管不受判決先例的拘束，卻透過對法律固有傳統的說服力，來鞏固法律的確定性與一致性。因此，查士丁尼透過法典使法律人失去作用的想法有點不切實際。

普通法也非完美無缺。即便是最有創造力的法官也只能就手上的爭議進行審理。審理的範圍也僅限於爭議中所提及的爭點，不能就其所作判決的後續影響預作規範。此法逐步而審慎，在一般時期為制度一大優點。然在技術發展日新月異、社會變遷迅速的時期，法律則有待立法使之與時俱進。在重要法律分支漸進立法，已成所有普通法制的共同特徵。

現代、技術先進、自由民主國家的興起，對普通法與大陸法制均造成相當震撼。社會、經濟與技術層面的劇變，有賴特別立法以為因應。民主政體對於社會安全及特殊利益的需求，除透過目的導向的立法之外別無他法，多半要由非民選的行政官員草擬；這些立法與過去兩大傳統的抽象、一般性規則不同。梅利曼與Pérez-Perdomo稱這些立法為微法律體系。在歐洲，立法優越的理念也屈服於具最高性、由司法把關之各國與

超國家的憲法文件。其結果，借用作者的話便是大陸法中阻擋不了的去法典化過程。

歷史不斷告誡我們，國家必先自重其法而後良法重之（the best laws will not avail a nation that do not respect them）。此二法律傳統，有國家小而美者因之而興，亦有拋棄自家無盡寶藏者。閱讀此書即可輕易判斷所指為誰。如果一國統治者與公民不能尊重法治，則歷史所賦予該國之偉大法律傳統為何已無關緊要。因為法律只存乎人們的行為之中。法律的維繫有賴各種交織而成的制度所支持，當中不乏非正式與文化上的制度。不幸的是，這些制度消逝的主因是獨裁統治者的不當治理。若統治者其位難以撼動、法官貪腐而受壓迫、正當程序徒具形式、言論與集會受到箝制、財產與契約自由被恣意踐踏，人身安全長期處於危懼之中，法律便無置喙餘地，或沒有效力可言。此種國家居於困頓實非偶然。

傳統大陸法與普通法之基本規範，代表的是一般、抽象而不涉特定個人的規則，Adam Smith與David Hume謂之正義的規則（the rules of justice）。商業社會的興起，即在於受到這些規則的保障，使無數人民得以擺脫貧困、生活無虞。這些規則也促成自由民主體制的興起。然而，即便是運作中的民主政體也有其風險。行政裁量權的增大足以無視固有的權利，若無立法約束與司法審查，自由與繁榮所賴以維繫的法治框架便會日

消月損殆盡。更值警惕者為，法西斯主義在許多國家已有復甦之勢，其在民主體制中制度會受到政治領導人野心的威脅，這些人濫用狹隘的保守民族主義，對複雜問題只提出簡略的解決方法。法西斯主義盛行之處，法治的建設便空有形骸。

身為在斯里蘭卡受訓與執業的法律人，斯里蘭卡是唯二兼採羅馬—荷蘭法與英國普通法的國家地區（另一為南非共和國），對於能夠同時感受普通法的活力與彈性以及大陸法的理性與典雅，我感到十分幸運。個人認為，兩個法制恰如其分的交集，毫無疑問是件好事。二者相得益彰之處甚多。就此觀點，梅利曼的作品對任何國家的貢獻均難以計量。

《大陸法傳統》的中文譯本，由台灣台北之中國文化大學的藍元駿教授（Martin）所譯，可謂一項卓越的學術功績。此譯本使這本比較法、法律史與法理學上的經典之作能更親近於世界最大的語言社群。在全球化的經濟體中，理解世界主要的法制對於法律人、企業、行政官員與國家領導人而言已不可或缺。對此，藍教授的貢獻不可抹滅。

*Suri Ratnapala*

Emeritus Professor of Law

The University of Queensland

## 比較法視野爲國際法律人才的第一步

台灣長期繼受外國法制及思想，有其歷史成因也催生獨特的法律文化。當中，學界的引介與推廣功不可沒。然法律繼受並非單純照本宣科，而是以批判的理性進行辯證，透過對外國法制的理解與詮釋，找出客觀的意義與價值。

本書特色之一便在於此。作者將歐陸法制傳統從歷史脈絡進行梳理，試圖建構所謂大陸法傳統的歷史理性。同時，作者出身英美法傳統，更透過所倡動態實證的法律觀點穿針引線，直指其時歐陸法制的盲點與侷限。

有趣的是，作者早在初版序中便提及德法法制的特殊問題，其謂：「…兩個國家對大陸法傳統均有重大貢獻，在學術上在大陸法世界中也各居領先地位。但同時，二者也都不算是『典型』的大陸法制度。……不過，在大陸法世界的其他地方，卻處處可見二者足跡以及兩相結合的身影。……而本書所談的是他們在此一法律傳統的共通之處，不是法國法也非德國法。」

個人過去曾赴日本及德法兩國攻讀法律學位，深知比較法學重要。歐陸法著重的抽象思考，不僅不同於英美法的具體

演繹；即德法兩國的思考方式，也各異其趣。部分原因或許和語言文字的邏輯有關，舉例而言，同樣是88這個數字，德語的表達方式與順序為8＋80，但法語的表現則是4×20＋8，各有所重。而德法兩國法制的對話與融合，在亞洲（包含台灣與日本）則是一個很好的例子。個人近年協助學校強化院級比較法資料中心，也在於深化國內比較法的研究。

在全球化意識深化的今日，吾人不僅須面對其對各國政治、經濟、社會、文化等層面之重大影響，更須處理氣候變遷、環境保護、經濟犯罪、恐怖活動、傳染疾病、食品安全、天災、戰禍及難民等人類共存共榮的議題。身為法律人，比較法的宏觀思維正使我們免於故步自封，更能交換解決問題、風險管理與防範措施採行之經驗，實為法律人走向國際的第一步。

比較法研究強調法律人理性判斷的能力，而判斷的基礎便在於理解文字，也是繼受外國法的第一個挑戰。因此，譯介的工作，也必須涵蓋了對文本以及作者的深刻理解；而此種能力，更象徵人文社會科學之意義與價值所在。元駿為學界深具研究潛力的法學新銳，欣見其勇於協調現實與理想，並以譯介社會科學經典作為人生奮鬥的志業，值得鼓勵，故樂為之序。

陳春生

國立台北大學

# 推薦序六

美國史丹福大學的梅利曼教授，於1969年著《大陸法系傳統》一書，紹述源自羅馬民法，現施行於歐陸、亞洲、拉丁美洲和非洲的大陸法系傳統。此書爲2007年的第三版，梅教授與經常訪學史丹福的委內瑞拉法學者培瑞茲－帕德莫教授，合著改寫而成，補述了1985年第二版出書後，蘇聯解體，社會主義法系式微的新局面。

這本書的第一版，在四十年前由前東吳大學校長章孝慈教授迻譯引進國內，第二版則由顧培東、祿正平二位先生合譯，李浩先生校稿，在北京出版發行。藍元駿君新譯此書第三版，在二十一世紀的今天，意義至爲深遠，學術研究與法學教育的雙重價值堪足是認。我國在上世紀繼受大陸法系以來，初習法律者每爲現行法律規定，與實際生活體驗諸多扞格，感到困惑不解，箇中原由實肇因於不同的中西法律文化。法律文化的主軸，西方國家強調個人的主體性，我國則重視人際關係的和諧性。

正如梅利曼教授所言，法律的根就是文化。而文化，就在人們的日常生活中！在海峽兩岸，繼受大陸法系，比較法律文化的研究誠然不可或缺，藍君的譯著，一方面可對我國所繼受

的法制，作其原生背景內在層面的了解，也經由比較大陸法系與普通法系的傳統，啓發提醒我國法律人，認識中華文化與西方文化的根本差異，以及實踐繼受法，在研究方法論上應有的態度；另一方面，更能開闊法律人的視野，從歷史、社會、經濟、政治等等角度，考察法律制度之形成、變遷與興衰。

翻譯的工作，不僅需要精通外文，還需要有專業的素養。藍君有不斷譯紹法學經典名著的雄心壯志，甫出版熊彼德原著的譯本《資本主義經濟學及其社會學》後不久，本書又旋踵出現，信、達、雅的翻譯境界躍然紙上。年輕就是本錢、年輕就是希望、年輕就是未來，年輕的藍君，溫文儒雅，肯下工夫，有耐心，有實力，通曉多國語文，且積累不少法學教育的經驗，此書之撰述，洵可視爲藍君學養修爲的一個鮮活寫照，本人欣獲邀約作序，茲綴數語以示分享付梓之喜樂。

楊奕華

東吳大學法學院

# 推薦序七

　　上世紀中葉自第二次世界大戰結束之後，世界和平新秩序正待積極重建，美利堅合眾國，挾二戰同盟國戰勝者領袖之姿態與威望，除聯合二戰戰勝之同盟國領袖中美英法蘇等國共同發起組織聯合國（United Nations），廣泛籲請世界各國加入為會員國，取代失能的國際聯盟（League of Nations），以積極推動重建世界和平新秩序外，美國更企圖將該國施行已久、頗有成效且傲然於世的民主法治，在世界上廣為推行，讓全世界各國均能借鑑，以和平協商與互信，化解矛盾對立，好好經營民生經濟，讓民主法治取代專制獨裁，遏止軍國主義復辟與冒險激進之組織坐大，有效控制核生化等大規模殺傷武器之使用與擴散，並避免輕啟戰端及無休止的掠奪與相互殺伐；用意良善，值得稱許。

　　的確，二戰後研發現代科技投入生產、積極發展民生經濟，與施行民主法治頗有成效，確使美國日漸強盛，成為近代世界強權，亦為美國成功取得西方世界領袖的地位，奠定了屹立不搖的磐基。然而，美國施行的民主法治，何以會使其日漸強盛，成為近代世界強權？其法律制度究竟有何特長，值得世界各國借鑑？坊間有值得推介的好書，例如美國Columbia University School of Law的知名教授Professor Allan Farnsworth

出版的《美國法制概述》（*An Introduction to the Legal System of the United States*）一書，有體系地清楚介紹美國法律制度的內容與其各種足以傲人之特色。

相對於海洋法系之英美法，世上尚有源遠流長的大陸法系；以英文介紹大陸法傳統法律制度的原文書籍，坊間並不多見，能夠有體系地清楚介紹大陸法傳統法律制度的內容、各種特色及其起源與演變，並能兼及英美法者，更是罕見。

在1969年美國Stanford University的Professor John Henry Merryman出版了《大陸法傳統——歐洲與拉丁美洲法制概述》（*The Civil Law Tradition-An Introduction to the Legal Systems of Europe and Latin America*）一書，十分有體系地清楚介紹了大陸法系歐洲與拉丁美洲法律制度的重要內容與其各種特色，並有回顧與展望等等論題與要項，可謂一本簡明扼要介紹大陸法系歐洲與拉丁美洲法律制度的書籍。該書歷經增修，至第三版（2007年修訂）原作者Professor John Henry Merryman偕同Stanford visitor的Professor Rogelio Pérez-Perdomo合著修訂。

一般而言，原文書之中譯，並非翻查字辭典後將零散的中文拼湊起來，那麼簡單，由於國情及語文表述方式往往迥異，勢須對原文及中文皆能夠精準掌握，尚要能夠在轉化為中文後，達到「信達雅」的要求，其難度頗高。

而中譯法律專業領域之原文書，由於所涉各方國情、社會、歷史、文化、法律制度及思想不同，其法律專業用語非常可能存有甚爲顯著之差異，再加上語文表述方式之落差，法律專業領域原文書之中譯，其挑戰性更是超高；對於以英文載述大陸法系歐洲與拉丁美洲法律制度的内容與各種特色，及對於我國法律制度的内容與各種特色，若沒有相當深入程度之了解，其中譯要達到「信達雅」的要求，恐怕將是一項不可能的任務。

　　惟中國文化大學法學院藍元駿教授（國立臺灣大學法學博士）很勇敢並執著地扛起中譯Stanford University的Professor John Henry Merryman偕同Stanford visitor Professor Rogelio Perez-Perdomo合著出版的《大陸法傳統——歐洲與拉丁美洲法制概述》（The Civil Law Tradition-An Introduction to the Legal Systems of Europe and Latin America）一書第三版（2007年修訂）的任務，承擔艱鉅，令人欽敬！

　　藍元駿教授法學精研，書香世家出身，且家學淵源可上溯至祖輩及父輩，據知，皆是國内法律學術界及實務界赫赫有名之泰斗人物及法學大師；有此書香門第背景的法學達人元駿教授願意肩負起此一歷史傳承使命，實在難能可貴！

　　經詳閱元駿教授對此書的中譯本（清稿後）與載有校對及增修歷程之電子檔，見到許多對於中譯遣詞用字，推敲再三

的增修歷程，係逐字、逐句、逐段、逐頁地毯式的認真作業，其審慎將事的態度與精神，教人刮目相看，所投入的時間、精力，更是難以計數！

個人在東吳大學法學院濫竽教席多年，教授英美法與比較法課程，並長期推動法學專業教育革新與現代化之工作，得知藍元駿教授中譯《大陸法傳統──歐洲與拉丁美洲法制概述》一書，甚為樂見其成，爰樂於為序，向各方讀者推介此具有相當深厚學術表現的中譯本。相信詳閱後，對於大陸法系歐洲與拉丁美洲法律制度的重要內容與各種特色，能有一定程度之了解與認識。

**成永裕** 謹誌
東吳大學法學院

# 推薦序八

　　法律諸學門中，以法系作爲主題還是二十世紀的事。穗積陳重（1855-1926）提出將世界各國的法律制度，劃分爲五大法系。John Henry Merryman 與 Rogelio Pérez-Perdomo所著《The Civil Law Tradition》，是學界所最重視介紹大陸法系的著作。章孝慈教授亦曾迻譯此書，藍元駿爲法學界投入法學翻譯工作年輕一輩的熱心教授，將大陸法系之傳統第三版又行譯出。我國原爲中華法系，於法律理論與實證法律自成體系。惟在帝國主義侵凌之下，爲解決領事裁判權，遂於清光緒三十三年始，逐漸繼受大陸法系。於今研讀我國現行法，必須了解大陸法系之傳統。本書對法學研究者眞實了解現行法律有絕大裨益。

　　法學之翻譯談何容易。Roscoe Pound 與 R. W. M. Dias 都在磚頭巨著的《Jurisprudence》一起頭就痛言法律文字之難。法律一詞在拉丁文中分爲jus與lex兩字。從jus演化出來的歐陸語文如droit（法）、Recht（德）、diritto（義）、derecho（西）；從lex演化出來的歐陸語文如loi（法）、Gesetz（德）、legge（義）、ley（西）。第一組從jus演化出來的字，是含有自然正義意思的法，是具有普遍性的法，日本人譯爲「法」。第二組從lex演化出來的字，是較爲接近實證法意思

的法，日本人譯為「法律」。而在英文中，這兩組文字的意思就不容易在law、a law、Law、laws、the law各個不同用法中辨識清楚了，這就是翻譯之不易。在中文論著中，也必須從文意中，細繹其究竟為那一組之意思。再說jurisprudence 被翻譯成法理學幾乎已是沒有懷疑。英文中jurisprudence固然可解為法律哲學，英文作philosophy of law，法文可作 *théoris générale du droit*。但是在英文談論法律哲學的文章內，以Jurisprudence與Theory（或doctrine）並舉的情況下，jurisprudence是用來表示判例集（the body of law built up by the decisions of particular courts）在法文與德文中，也都是一樣。

元駿翻譯此書已盡心盡力，為求不誤解原意，在譯文中還是附註了原文，這是負責任的作法。書成，先睹為快，觀其文字淺白流暢。可為大專法律系教學之參考書籍，對有意了解世界重要法系之一般社會人士，亦甚有助益。余感其對法學理論與實務之貢獻，固樂為之序。

李復甸

序於中國文化大學法學院

# 推薦序九

　　John Henry Merryman與Rogelio Pérez-Perdomo所著《*The Civil Law Tradition*》（藍元駿譯爲《大陸法傳統》），簡介歐洲與拉丁美洲盛行的大陸法傳統，並以生動平易文字與普通法傳統進行對照比較，讓非法律背景之讀者亦能進入其筆下所描繪世界。個人認爲作者所倡高義，能夠突破學科藩籬，使不同讀者群同感受惠。本書具有下列特色：

　　其一，架構鮮明言簡意賅，初學法律之人收效快速。

　　就架構而言，本書內容區分成兩部分，前十章以宏觀角度介紹影響大陸法傳統的整體性因素，如革命運動（第三章）、法源（第四章）與法律科學（第十章）等，並討論上述因素對其法律職業的影響，如法官（第六章）與法律學者（第九章）等。第十一章後則具體而微，專就個別法領域細述，如民事程序（第十六章）、刑事程序（第十七章）與違憲審查（第十八章）等。最後兩章則爲回顧與展望，具提綱挈領之效。篇幅約莫百頁，初學法律之人已能對大陸法傳統有大致掌握。

　　其二，旁徵博引饒富思辯，對法學研究者深具啓發。

　　本書另一特點在於挑戰過去對兩大法傳統的認知。最顯著例子即爲以成文法之有無作爲區別二者的方法，作者在書中

（頁27以下）以加州為例，說明其法典數量較多數大陸法國家為多，故不能以之作為區分標準，而是兩者對法典編纂意義的理解與功能承載了不同的意識形態。

是以作者開頭即強調「法律傳統」與「法律體系」的區分，認為後者僅指「一套由法律的制度、程序與規則所組合而成的機制。」（頁1）；惟前者則是「一套根深蒂固、深受歷史影響的思想，形塑出法律的本質、其在社會上與政治上的角色、一個法制的理想組織與運作，以及它的制定、適用、研究、完善與教授等等。」（頁3）

其三，故事情節引人入勝，挑戰一般法律觀感。

例如，一般讀者對於法官形象的認知，其實取決於身處法律文化背景。兩大傳統對法官一職的想像也有極大差異；在過去大陸法傳統的法官曾與統治者站在同一陣線，影響其後制度設計上傾向限縮大陸法傳統法官的權限行使；此一觀察有助於理解權力分立下司法權的內涵，以及違憲審查制度所反映出略為保守的意識形態。

其四，法律分殊化時代下，跨國實務指導手冊。

比較法研究相當重要，但研究人才不多，誠如本書所言，此原因不在比較法研究不重要，而是其重要性外人不易領略，甚至連其他法律人也難以體會。（頁151）例如，大陸法之法律人進行比較研究，往往嘗試從經典案例中推導出亙古不變道

理；然而此舉無異否認英美法強調與時俱進的特性，這也是本書所強調法確定性在兩個脈絡之中的不同處。少了此層體會，便多了道溝通障礙。

　　綜上所述，筆者認爲法律學科領域即便實用性格較強，爲提升宏觀視野，仍應具有上述法體系與法學文化素養及比較法視野。因此，一名特定部門法領域之研究者，持續不斷關注在看似乏人問津的領域默默耕耘，此非僅個人學術取向所能完全解釋，恐怕更要體現其人對該領域的許多期待。觀諸本書譯者對此書所投入心力，或許正是寫照；此與本人近年來致力於從法理學觀點，探討公法及財稅法原理的想法，不謀而合。因此，筆者樂意爲本書譯本作推薦序言，期許本書能夠爲廣泛的讀者提供法學人文思想的至高智慧，共同邁向理想法學的康莊大道。


陳清秀
東吳大學法律學系專任教授

# 推薦序十

　　第一次仔細閱讀藍教授的著作，是受文化大學之邀，審查其應聘助理教授著作——租稅國家與財政憲法—對照《鹽鐵論》與《租稅國危機》，也是他的博士論文。閱畢該論文，窺得其治學態度嚴謹，更驚訝於其優異的語言能力。前年6月，他寄了一本500多頁的譯作給我，既厚又重的「大作」——資本主義經濟學及其社會學，是科技部經典譯注計畫精選書籍。這是我第二次的震驚，拜讀該作後，打心底佩服他默默耕耘的精神。同時也認為，元駿絕對是學術領域裡的優秀農夫，不取巧不投機，多國語文加上跨領域的深耕，終得收穫豐碩成果，乃是理所當然。

　　去年6月分，元駿給了我Email，希望我可以為此書撰序，我挺意外。因為，我認為他所認識的同行傑出優秀學者，絕不在少數，怎會想到默默無名的我？不多問，只告訴他後悔仍來得及。馬齒徒長，忝為同行前輩，有機會為優秀的年輕學者出書撰序，深感榮幸。爰請元駿先傳送初稿，供作撰寫之參考。

　　開始閱讀「I.Two Legal Tradition兩大法律傳統」部分，即讓我受益良多。以前從未仔細慎思考的部分，在本書的導引之下，確實有豁然開朗的感覺。身為研究者，我最感興趣的是

「IX.Scholars 法律學者」部分，由其論述可知，學者在大陸法或普通法的傳統中，分別於其國家社會中，居於何種地位，具有何種價值。

長久以來，日本相當重視比較法的研究，回想起留學時，於日本北大修士課程時期，選修美國憲法專題與美國行政法專題，閱讀英文原文書之後，於課堂上與同學們討論。因我是唯一的外國學生，而我在留學前，既未選修過普通法課程，亦未曾好好閱讀過英文法學文獻，於兩種法學外文的轉換，可是痛苦不堪。1990年，我選修行政法專題，主要討論主題是美國APA（Administrative Procedure Act），當時日本雖尚未立法，但也有行政手續法草案。而我國則解嚴不久，尚無暇顧及行政程序法之相關研究。對我而言，APA著實新鮮，但突然得克服外國語文及不同法系，直接啃食消化，可是刺激萬分。當時如有類似本書之譯作，於留學前先行研讀，先奠基普通法基礎知識，留學時應不至於如此辛苦。

法律世界有其自成一格的專門術語，同樣的詞彙，其與一般用語，意義多有不同。例如，「善意」與「惡意」。因此，跨語系的翻譯，譯者如非法律專業，且對於原文國及譯文國之法制，有相當熟悉度，恐怕常發生誤譯或錯譯，卻完全不自知之情形。例如，以本人留學國之日本為例，因日文亦使用漢字，常見原文照抄，卻令人難以理解其意義，甚或啼笑皆

非。以下爲個人之若干經驗，應可印證翻譯法學文獻之困難。曾見過「起業者」被譯爲「創業者」，經查閱辭典，亦爲如是解釋，但卻總無法理解。而於閱讀日本判決書，全文理解後，方知應是「起造人」之誤。也曾因審查譯稿，竟將日文的「条例」直譯爲「條例」，正確應譯爲「自治條例」。另外，相同的漢字用語，於兩國之相同法制上，卻可能是完全相反的意義。例如，政府資訊公開法制上，日本的「提供」一詞，指資訊之主動揭露；而於我國政府資訊公開法之規定，提供則指經申請而被動爲資訊之交付。外文造詣再好，如欠缺法律背景，極有可能誤譯或錯譯，卻不自知。多年前，個人曾受某機關之託，審查該機關擬委託翻譯社的預譯稿，發現翻譯社將「過失相殺」，譯爲「因過失而互相殺人」，法律人絕對知道是「過失相抵」之誤譯。縱使正確翻譯法律用語，也可能無法正確理解其意義，因而誤用或誤引理論。例如，日本法律用語之「行政処分」與「行政行爲」，與我國之「行政處分」及「行政行爲」之意義，有所不同。可見翻譯法學文獻，絕對是一項既吃力又不討好的工作，較之撰寫論文，耗費之心力，恐有過之，但卻未得到相應的重視。

　　本書原著作者是美國法學者，以普通法觀點，比較該法其與大陸法之不同。倘閱讀過本書之後，對於大陸法或普通法之區別，應有較爲完整之認知。因此，本書應可作爲法學緒論參

考教材。另外，如欲正確學習法學英文之用語，本書應亦極具參考價值。

林素鳳

中央警察大學法律學系

# 推薦序十一

　　大陸法系與普通法系是當今世界兩大主流法系，其基本架構與主要制度精神影響著諸多國家的法制建構與法治運作；故對此二法系的初淺認識，實是人文社會科學領域所不可或缺的基礎知識。然而對於法律學院以外之人社領域的學生而言，雖然原則上皆會修習法學緒論這門課，但課程內容往往過於龐雜，以致於對於此兩大法系之介紹總是相當簡約。至於法律學院的學生雖然也會修習法學緒論，乃至法制史等課程，但因國家考試的導向與個別法律（如民、刑、訴訟法等）本身的專業要求，使得學生常有見樹不見林的缺憾。本書恰是有效改善前述缺憾，並提升學生整體法學素養的最佳補充讀物。

　　本書作者成名很早，且學術生涯甚長。他在1953年即進入美國史丹福大學法學院擔任教職，一直到2015年夏天辭世，執教超過62年。他早年投身比較法研究，先從義大利法律體系出發，後又擴及德國、希臘與南美各國，於1969年出版本書的前身，也就是該書的第一版，後於2007年出版修訂三版，此即現在呈現在讀者眼前的這本譯著。除了比較法學研究外，作者熱愛藝術，並是一位業餘鋼琴家。他自1970年代起即開展文化藝術法的研究，堪稱是美國文化藝術法領域的先驅者。

本書初版問世迄今近半世紀，舊版也先後有中文譯本問世，於今針對第三版再次予以中譯，仍有其必要性與價值性。本書聚焦於西方兩大法系之傳統與特徵，固然主要是植基於歷史之上，有關當代經社發展對法系影響的論述，原可簡略帶過。但是歐洲地區自二戰後即由西歐開始推動歐洲整合，尤其隨著柏林圍牆倒塌與歐盟東擴，歐盟組織自上世紀末起天翻地覆似的整合發展，對大陸法系產生相當深入的影響，這使得相關學術著作必須就此部分予以更新並補充。雖然受限於改版時間，對於改版後的重大法制發展，如法國2008年修憲後變更其違憲審查制度，本書未及隨之修改。但整體而言，本書已能跟緊前述歐盟時勢變遷，對於大陸法系傳統的過去與未來，提出作者自己的觀察與極具價值的洞見，非常值得予以細細品味。

　　從比較法的觀點來看，本書作者在普通法系國家成長並學習法學，難免會帶著普通法的眼鏡去看待大陸法系。同樣地，在大陸法系成長並受法學專業養成之學者的比較法著作，例如法國學者René David的著作，也會以大陸法系的眼光去理解普通法。但是這種見解差異不僅不是各自著作的缺失，反而恰是其特色與優點。就如作者所強調，本書無意回答兩大法系孰優孰劣的問題，也無法完整詳述兩大法系的差異。事實上，每一種法律制度都自有其特定的歷史、政治、社會，或一言以蔽之，自有其特定的文化背景。比較法的重點應是在「認識」與

「理解」特定法制，乃至於整個法體系背後的歷史、社會脈絡與文化底蘊，而不是在對其進行「評價」與「選擇」。基此，西方法系繼受國家之執政者與立法者在研擬任何法律制度時，都不宜站在自以為高於他者的評價地位，自由地搭配與選擇自己想要的制度。而其法學工作者，包括學者與法官，更不應抱持蝙蝠心態，隨實際需要而改變認同，忽而強調大陸法系的依法審判，忽而又推崇普通法系法官造法的創造空間。

比較是科學的方法之一，不作比較，其實就是遠離科學本身。以比較作為社會科學的一種研究途徑，可謂淵遠流長。本書透過比較，清楚呈現西方兩大法系的制度特徵與文化脈絡，是一本成功的比較法經典論著。譯者藍元駿教授學植深厚，筆力遒勁；於教學研究之餘，還致力於經典文獻之翻譯，格外令人敬佩。今於此經典譯著出版之際，特提筆推介，以見證其名山大業。

陳淳文

國立臺灣大學公共事務研究所教授兼所長
中央研究院法律學研究所合聘研究員

# 推薦序十二

　　回想多年前自己還是左右不分的法律學徒時，初次接觸東吳大學前校長章孝慈博士遺譯，三年前仙逝的美國Stanford大學John Henry Merryman（1920-2015）教授的傳世名著《大陸法傳統》（*The Civil Law Tradition*, 1969）初版，教授透過淺顯的歷史敘述及分析，將十八世紀的法國大革命以來大陸法系民法著重於立法而發揚於司法的法制傳統，與著重於發揮司法機能的英美普通法的法制傳統作出比較，藉以向美國的法學院學生介紹支配著歐陸、亞非、拉美等地區國家的民法制度。當時，雖然立志攻讀憲法學理的自己，依然被教授經由歷史的背景以分析各國民法發展的卓越洞察力，深深吸引，突然感覺過去在課堂上學習到的民法概念，似乎從書本上印刷的活字之間鮮活地躍動起來。

　　Merryman教授在第二版（1985）中，對於自初版以後大陸法系國家在民事程序法制上的發展及未來對於大陸法系民法的展望添加敘述，更增益這本名著的學術價值。從第三版（2007）開始，位於南美委內瑞拉首都的Metropolitana大學法學院Rogelio Pérez-Perdomo教授成為共同作者的一員，但似乎是因應舊蘇聯共產制度圈的崩解，新版刪除了舊版中有關社會主義法制傳統的敘述，對此讀者中則有表示惋惜的意見。再經

十年歲月後，第四版（2019）由Pérez-Perdomo教授參酌大陸法系民法的最新動向及新近出版之有關羅馬法與中世法的研究成果，對於舊版內容進行詳細的修正，亦更新自舊蘇聯時代以至現今關注的議題，並分析部分大陸法系國家民法如何對應當代激烈變化的意識形態而自我調適，讓這本名著能夠與時俱進。

本書譯者藍元駿博士為台灣法學界的新銳研究者，長久以來與本人親切往來。譯者自臺灣大學法律學院取得博士學位後，旋即受聘於文化大學法律學系，講授財稅法及行政法多年，近年來更善用外語能力的優勢，積極譯介外國學術名著，以充實台灣的學術土壤，志向十分令人感佩。這次譯者選擇本書第三版迻譯以饗讀者，惟如前所述，此版係由有拉美學術背景的法律學者Pérez-Perdomo教授加入合著而成，在補充原著有關同屬大陸法系的拉美國家民法傳統部分，具有一定程度的學術意義，而譯者選擇此版作為漢譯底本的用意，或許即在於此。無論如何，自初版上梓以來已超過半世紀的名著，隨著版次的更新而能夠持續不斷有漢譯本問世，不僅只是原著者的撰寫目的，也讓大陸法系的學徒們能夠知己知彼。

伴隨著年歲及經驗的徒增，自己對於大陸法系的民法傳統有了更深刻的理解，而曩昔左右不分的法律學徒，也進一步地體會到大陸法系民法學理的博大精深，已遠遠超過其他的法學領域，甚至是自二十世紀以來變身成為顯學的憲法人權學理。

簡言之，大陸法系民法傳統的精髓，即在以人類歷史背景爲基礎的倫理性，這一點也是目前許多法學領域所欠缺的內涵。本人深切期盼這本新的漢譯本出現於市井書肆之後，能夠讓在法學思維中消失多年的名著，再度有人寄予關注，並藉此重新檢視未來台灣的法學乃至於社會的發展。

吳煜宗

記于翠谷

世新大學法律學院

# 推薦序十三

當知道《大陸法傳統》原著的再版有了中譯本，心中充滿驚喜，John Henry Merryman教授（1920-2015）的這部大作，是接觸和深入研究「歐陸法制史」必讀經典，自1969年初版問世以來，影響無數學子，播下了法治教育的種子。1978年曾有法學前輩章孝慈教授首先將它翻譯成中文，直到2004年另有顧培東與祿正平兩位學者的中譯本，但此書發表畢竟已半世紀之久，國外研究早已倍增，原著的再版令人引頸期待。

2007年，在委內瑞拉法律史學者Rogelio Pérez-Perdomo的合作之下，高齡87歲的Merryman教授，終於出版了此書全新修訂再版，它不僅保留了原作文字淺顯易懂的特色，而且增加了關於1990年代冷戰之後的發展與討論，對大學生及一般讀者來說，此書依舊是無可取代的，它是探索歐陸法制的絕佳入門導讀，即使已有研究的專家學者，亦可從書中得到寶貴的材料和思考。不僅如此，由於Merryman教授興趣廣泛，早年學習音樂，一生探索文化藝術及法律，因此在新版的內容中，可見他對法律的文化背景有獨到視野和分析，他把新舊檔案材料做了有趣的詮釋，同時參酌冷戰前後社會主義與歐陸法系各國新的文獻，提出論點及理由，讓人讀來趣味盎然。

由於英文原著引用第一手文獻，旁徵博引，儘管作者力求

文字淺顯，但內容仍有一定廣度與難度。台灣法制的現代化承襲歐陸法系（或稱大陸法系），認識歐陸法制的面貌和構造，自是法學教育中不可或缺的基礎，從1999年開始，我在臺大開設「歐陸法制史」及相關的專題研究課程，便感受到同學們求知若渴，使用英文原著難免仍有理解障礙，當時就有感於翻譯工程的迫切重要。

歷年來，不少同學及學者努力克服語言屏障，堅持學習德語、法語、義大利文、西班牙文等歐洲各國語言，甚至下功夫鑽研古拉丁文、希臘文等，就是為了能閱讀第一手文獻與檔案素材，深入探索這個迷人又重要的領域。在教學研究過程中，我很高興認識當時的元駿同學，他給人謙和穩重又專注的印象，果然元駿深耕多年，為學界帶來無比的活力與驚喜。

語言真的是思考的媒介，這本歐陸法制史的經典著作，有了全新再版的譯著，實在是好消息，閱讀元駿在繁忙教學中完成的譯稿，使我獲得了正在寫作專書的部分新靈感，心中非常感謝。同時，深感年輕世代願意投入這樣的工作，十分難得。任何基礎研究都需要對話和討論的社群，經典的誕生從來不是一個人偶然之作，唯有思想的激勵，才能讓學術研究更有創新活力，一本專書寫作或翻譯儘管耗費時日，卻正因為時間的鍛鍊，反映出思考的厚度，因此書籍一向被視為人文社會科學的重要成果。近二十年來，台灣學界發展關鍵指標和追逐獎賞的

氣圍籠罩，鮮少有人願意投入曠日費時又乏人問津的寫作，遑論翻譯，但弔詭的是，以法學基礎研究爲例，今日學界使用的主要參考著作，大多仍是上個世紀前人所留下的，而更多則是出自國外經典的中文譯著。

何以如此？法律是經驗，不是純粹的邏輯，法律更涉及價值的判斷，面對浩瀚知識和艱難個案，也只能耐性持續的鑽研、開放心胸討論和思考，讓時間成爲作品的見證。台灣歷經不同時期的統治，已成爲歐陸法系的一部分，這個與我們切身相關的法律文化傳統，過去由於語言和歷史的隔閡，接觸不易，今日我們很幸運，能從精準的譯著中發掘寶貴的知識，啓發興趣，相信這本全新譯著的問世，將增進社會對歐陸法傳統的認知，幫助更多人理解台灣法制的主要淵源，乃至嘗試從國際的視野思考法治的實踐。

歐陸法系的體系概念及原理，自1907年至今對中文世界的影響，不因國族區域而異，僅管各國法學發展不盡相同，但只要是以中文寫作或翻譯，就成爲共享的文獻來源。自1907年民初法學家王寵惠（1881-1958）首先英譯德國民法典BGB（1896年版），將德國和歐陸法制初步引介給英文讀者，1937年陳朝壁教授（1905-1982）出版中文譯著《羅馬法原理》（1965年在台灣重新出版），1981年戴東雄教授出版《中世紀義大利法學與德國的繼受羅馬法》（1999年重印再版），

直到1999年左右，歷史法學派代表薩維尼（Friedrich Carl von Savigny, 1779-1861）的著作及《羅馬法大全》等學說史料，才有較完整的中譯本陸續出版，由此觀察，可知歐陸法及其法學經典被轉譯爲中文的數量，不僅極爲有限，速度亦相當遲緩，這也顯示這方面研究與教學的迫切需求。

自羅馬法學迄今，歐陸法學研究超過兩千年的歷史淬煉累積，所發展出來的法律概念、法律原理和原則、法體系的哲學思考等，歷久不衰，近代之後國家實證法興起，但有關法理和法學方法仍受其影響，如本書作者所言：「儘管這些概念與原理原則大多未曾出現在實證的大陸法中，但受法律科學影響，它們仍持續被學者透過科學方法從實證法當中推導出來，當作普遍的法律眞理，引進法律秩序之中。」（第十一章，第二段）

流傳著名的法諺，如「Ubi societas ibi ius」（有社會之處即有法律），「Ius est ars boni et aequi」（法律是善與公正的藝術），又如基本的法律推理「nemo plus iuris quam ipse habet transferre potest」（權利轉讓受原有權利範圍之限制），或「nullum crimen sine lege」和「nullum poena sine lege」（罪刑法定原則）、法律的明確性和衡平性等原則，都源自羅馬法學和歐陸法傳統，本書作者對此有許多著墨。

除了描述歐陸法制的來源和全貌，本書還廣泛比較它和英美普通法系的差異，例如指出兩大主要法系的證據法則不同，應

= L =

就不同的歷史文化背景加以理解，才能互相學習參考，又如指出陪審團制度的存在與設計，對於當事人訴訟權利有何影響，並以此爲軸略，探討陪審團如何認定事實，以及大陸法系法官「自由心證」的優點和疑難（第十六章）。全書寫作貫穿時代，把握了歐陸法制從古代自然法、羅馬民法、宗教法到中世紀教會法、封建法及商法，以至十七世紀之後理性自然法、國家實證法及現代人權的歷史脈絡，闡述革命或改革帶來的變化。

對於現代憲政的原理，作者因此直言：「大陸法傳統朝向憲政主義的發展，可以視爲對於極端世俗化、實證化國家觀點的合理反動。……某種程度上，這種朝向功能剛性憲法的發展，加上保障個人權利以對抗『不當』（unjust）立法行爲的做法，可以視爲『自然法的法典化』過程，一方面填補羅馬天主教自然法和共同法被摒棄後留下的空缺，……。……二次世界大戰之後，建立違憲審查制度的思想橫掃整個大陸法世界，然而各國採取的方法不盡相同。……」（第十八章）凡此見樹又見林的分析，使本書成爲法制史經典之作，很幸運可以先讀爲快，謹此與讀者分享心得，期盼經由此書新版中文譯本的貢獻，爲基礎法學的研究及教學注入新的能量。

陳妙芬

臺大法律學院副教授

# 推薦序十四

## 雅俗共賞的經典著作

比較法學的歷史可追溯至古希臘時期，在柏拉圖和亞里斯多德的作品中，早已留下運用比較方法的蹤跡。歷經兩千年的演變，直到十九世紀初，世界第一本比較法學期刊才在歐洲誕生，現代意義的比較法學於焉成形，同時也使歐洲成為比較法學的重鎮。原籍奧地利的Ernst Rabel，於1916年在慕尼黑大學任教後，創設德國第一所比較法學研究所，被推崇為德國現代比較法學之父。1926年，威廉皇帝外國及國際私法研究所在柏林成立，Rabel順理成章的擔任首位所長。該所在第二次世界大戰結束後，改名為普郎克外國及國際私法研究所，經輾轉遷移至漢堡，成為世界首屈一指的比較法學研究機構。Rabel在二戰期間，因為猶太人的身分而被迫流亡美國，諷刺的是，他個人的不幸際遇，竟促成美國比較法學領域的蓬勃發展，也和本書的誕生間接有關。

本書原作者John Henry Merryman，是一位才華洋溢的法學家。他早年醉心音樂，後來研習化學，取得碩士學位後，進而專攻法學，曾任教於聖克拉拉和史丹福大學。Merryman在學術生涯初期，就對大陸法傳統產生濃厚興趣，曾與義大利享譽

世界的法學家Mauro Cappelletti合作出書，嶄露頭角。1968至1969年間，他獲得傅爾布萊特獎學金贊助，在普郎克外國及國際私法研究所短期研究，因而促成本書的誕生。本書初版問世後，兩位二十世紀比較法學界的大師——法國的達維德（René David）和德國的柯茲（Hein Kötz），先後在紀念Ernst並因而改名的著名比較法學期刊發表書評，佳評如潮！Merryman雖被譽為美國藝術法之父，在該領域的影響可見一斑，但畢竟仍限於美國境內。真正讓他揚名世界法學界的，主要還是這本多次再版的名著，作者雖以95歲高齡辭世，但本書已成為傳世之作，重要性不曾消退。

本書在性質上雖然屬於專題論著，但原先並非以法學專家為讀者群，因而具有通俗易懂的特色。大陸法傳統，在時間縱軸上跨越千年，在空間維度上遍布數大洲，其中涉及錯綜複雜的歷史、政治、社會等因素，企圖宏觀鳥瞰而加以介紹，一般人不免望而卻步。作者在不到200頁篇幅中，以執簡馭繁、深入淺出的手法，精闢闡述大陸法的背景脈絡，充分展現大師風格，內容引人入勝，令人愛不釋手！無論一般非法律專業人士，甚至比較法學領域的初學者或專家，都能從中獲得啟發。本書不僅行文流暢，蘊涵睿智的見解，也寓有深厚的哲思，從中展露作者在文、史、哲方面的造詣。漢德（Learned Hand）法官曾說：法官涉獵哲學、史學、文學經典作品的重要性，並不亞於閱讀法律專業著作；個人以為：法律人涉獵本書這類法

學經典的重要性，也不亞於閱讀法律專業著作。在當前法律學趨於技術性、功利化的時代中，這類充實法律人基礎素養的書籍，更顯得彌足珍貴、深值一讀！

譯者藍元駿教授，法律家學淵源，潛心學術研究，在新秀中出類拔萃。難能可貴的是，在當前功利主義瀰漫的氛圍中，藍教授仍能不計一己之利，以翻譯英文經典名著爲職志。本書初版在四十年前，曾由章孝慈教授譯成中文，新版雖然增列共同作者Rogelio Pérez-Perdomo並改寫部分篇章，但基本架構和主要內容，仍然維持初版的精華。如今在四十年後，藍教授又獨具慧眼、精挑細選，讓經典著作以最新風貌在中文世界問世，除一再斟酌的專業術語和行文表達外，並避免初版譯本的誤植問題，不僅可讀性極高，意義更屬非凡。同時，他以過人的中、英文造詣，將兩種文字轉換自如，譯文流暢清新、一氣呵成，讀來令人心曠神怡，也使本書成爲雅俗共賞的佳作，藍教授實在功不可沒！個人在三十年前曾購置章教授初版譯本，時隔多年，有幸再讀藍教授新版譯文，悅讀之樂，油然而生，可見佳作值得一讀再讀！個人在大力推薦本書之餘，深感我國法學界人才輩出，並對藍教授辛勞付出與貢獻，聊表敬佩之意！

**許政賢** 謹識

政治大學法學院教授

# 推薦序十五

　　當今法律體系主要分為以羅馬法為基礎之大陸法系，以及以英美為主之海洋法系。前者以立法明確與程序嚴謹為法制體例，以便於人民與國家一致遵守，法院依據事實為據，法律效果之裁量空間有限，甚至毫無餘地可言。後者則屬於法律人之專業，一般人民難以窺其堂奧，高度仰賴檢察官、律師於訴訟程序之攻防，部分高度爭議案件，若符合要件，得以藉由陪審團來論斷，法官僅為法庭秩序維護者，除非陪審團決定明顯違法，通常英美法系法官會予以尊重。

　　任何法律皆有其主要精神，大陸法系相信制度可以維護秩序與安定。英美法律主要非如大陸法系之成文法制，將各種制度規則明確規範，而係將正義與法律秩序之實踐，授權法官具有相對於大陸法系法官寬大權限，對於個案判決之法律效果選擇擁有較大之形成空間，某種程度上更使得法律能貼近地氣，避免冷酷無情之嚴刑峻法。

　　箇中奧妙與精義，讀者可在本書中尋得答案，藍教授青年才俊，法學領域寬闊，學養豐富且富於開展法學與其他領域之互相結合協調。英文原著本即為法學名著，經由藍教授深入淺出之翻譯功力，非法律人亦不難理解。藉此機會無保留大力推

薦法律人，尤其一般非法律人更可藉此認識大陸與海洋法系之精神與運作。

謝榮堂

德國法學博士

文化大學法學院教授

# 推薦序十六

「我國法屬於大陸法系」，這個觀點爲國內法界所熟知，然而大陸法系到底有什麼特色，除了常見的大陸法系是成文法等說法外，一般學生並不知道太多關於大陸法系此一重要法系的特色。本書能被翻譯出版，相當程度上彌補了此一缺失，讓國內的學生能依據一本簡要而清晰的導論，對於大陸法系的歷史與重要的特徵，有所認知。也有助於國內比較法學的研究。

本書爲美國知名比較法與藝術法學者John Henry Merryman（1920-2015）的著作，也是英美世界介紹大陸法系的重要比較法書籍。本書篇幅不大，但是卻極其精要的介紹了許多大陸法系重要思想與制度的歷史與特徵，讓讀者可以很快地得知大陸法系過去長遠的發展，以及由歷史經驗所歸納出來的特色。這是本書之所以能成爲名著的原因。

本書對於大陸法系的分析與介紹，著重在歷史與比較的觀點。本書基於篇幅的限制，自然不能全面的介紹與分析大陸法系的各個面向，但是，本書仍清楚地說明了大陸法系的歷史淵源，由最初羅馬法、教會法與商法的思想淵源開始，到政治上法國大革命導致的影響，本書說明了這些歷史現象如何塑造大陸法系的特徵；同時在說明大陸法系在法源、各種法律思維、

法院等各種法律制度與法律人職業的各項特徵時，本書也清楚說明了這些想法與制度的歷史，並分析這些特徵彼此之間的關聯。

作為一本比較法著作，本書自然很重視對於各種法系與不同國家觀點的比較。不只是比較英美法與大陸法系的差異，本書也在描述大陸法系之各種特徵時，也比較了大陸法系各個國家之間的不同，藉此更清楚的凸顯出大陸法系各種特徵的不同面向。

本書透過歷史與比較兩個觀點，也指出，大陸法系的許多特色，與其說是大陸法系本質性的特色，不如說是基植於歷史與經驗的產物。隨著歷史的發展，大陸法系國家也吸納了不少英美法系的規定與思想方式，同時在全球化與多元法體制的影響下，大陸法系也面對到轉變的要求。但作者最後仍指出，各國法律與法律制度的變化，到最後仍受到各國法律文化的限制，各國對於其他國家或法系的仿效，仍必須注意到各國自身的法律文化。

透過閱讀本書，再次提醒我們比較法學對法學研究與實務的重要性。比較法學本身是一門以特定方法專門討論各國法學同異之學科，也可以成為法學研究的重要方法（所謂的第五種解釋方法）。在我國，由於我國大量繼受外國法的緣故，使得比較法研究方法常被認為是法學的重要方法，掌握（閱讀、

分析甚至撰寫）法學外文的能力，也常被認爲是法學研究者所需要的重要能力（這可由我國許多法律系研究所都希望學生擁有一定程度的英文甚至其他第二外語的能力可知）。不過在我國，由於外國法學的引入常被期待能有助於國內相關問題的解決，因而比較法研究方法的運用，目的常多著重在較詳盡的介紹或分析既有國外學說或實務見解，立足於完整比較法研究方法的研究著作較爲少見。對於外國法學出現的政治與法律制度、法律思想背景，也不是那麼受到重視。在實務界，由於實務界常傾向受到實務既有裁判與決議（特別是最高法院／最高行政法院之判決／判例／庭長會議決議）之影響，使得比較法研究方法常無用武之地。這造成比較法研究與取徑於比較法的法學研究方法，其功用在我國法學與實務上，並沒有獲得充分發揮的餘地。而在立法與政策的形成過程中，雖然我國常有意向國外立法例學習，但是又因爲欠缺充分的比較法思考，因而常常僅是效法某些所謂先進國的立法例，而無法有意識的批判吸收國外立法的內容。討論如何修改與確立某些法律政策時，又往往因爲欠缺外國法律與制度歷史的充分知識，從而常陷入一種無甚意義的對立。這些問題都需要更多完整的比較法研究來協助解決。

　　針對法實務與學術的研究，比較法研究與取徑於比較法的法學研究方法在多方面具有相當重要的助益。當立法政策在

討論如何修改或制定新法律時，比較法研究有助於立法者探知國外法律制度的全貌，並且可以更廣泛的知悉有哪些國家的立法值得參考，由此進一步得知目前與歷史上針對該法律問題的規範方向與做法。透過比較法，可以讓立法這在進行制度選擇時，可以依據既有他國不同之法律制度規劃，知道有更多的選擇可能性，不會侷限在少數選項內。而比較法對於各國法律制度背景的研究，以及功能性比較法的研究方法，也有助於立法者在討論如何制定新法與修改舊法時，能基於完整的社會、經濟與文化之背景來思考，指出如何制定或修正法律，才能符合本國的需求。功能性比較法指出各國如何達成規範目的之規範方式，並且比較這些規範達成目的之效果，讓立法者能更有效的評估規範制定或修改的影響。而比較法針對各國法律制度之歷史與社會、經濟、文化背景的討論與說明，也可以讓立法者在制定新的法律制度或修改既有法律制度時，能更清楚的依據該制度應該發揮的功能進行思考，跳脫一些錯誤常識造成的思考侷限，提出更好的規劃。

而司法或法學討論法律解釋問題時，比較法也能提供重要的協助。由於我國不少法律與法律概念繼受自國外，因而比較法研究以及比較法解釋方法，都能讓司法實務與法學在解釋法律時，能更清楚我國繼受之法律與法律概念，在該國的原貌，以及這些法律與法律概念在該國，是基於怎樣的歷史與社會、

經濟、文化背景而產生，從而可以在歷史與社會的脈絡下理解該法律與該概念的意義，不會陷入以斷章取義的方式來理解，也不會誤以為特定時期對於該法律或相關法律概念的理解就是絕對正確的唯一答案。進一步，也可以透過比較法的方式，討論繼受之法律與法律概念，引入我國後，應該要怎樣的解釋。而我國法學所繼受的各種外國法學說，也可以透過比較法研究的方式，更深入的討論該學說的內容，藉此進一步思索這些學說在我國法應該如何運用。

如前所述，比較法研究對於我國的法學與法律實務具有相當重要的意義。不過，良好的比較法研究確實相當不容易。往往需要有一種甚至多種以上的外國語文能力，以及對於相關國家的歷史與社會文化有一定的認識，才能深入地進行比較法研究。單純羅列數十到上百個國家的法律，固然有助於各國法之認識，但是對於深入的比較法研究來說，並不足夠。因而引介像本書一樣重要的比較法研究書籍，自然有助於國內比較法學的成長。本書不僅提供了大陸法系的簡要知識，也提示了不少比較法研究的重要方法與範例。本書的翻譯出版，自有助於未來國內的相關法學研究。

本書譯者藍元駿教授，是國內優秀的新進學者，繼翻譯出知名經濟學家熊彼得的經濟學專著（《資本主義經濟學及其社會學》，2017，聯經出版）後，更努力翻譯出本書，嘉惠台灣

法律學界師生。藍老師致力於翻譯的精神，令人感佩，特此爲序。

鍾芳樺

輔仁大學法律學系副教授

法律學院教務副院長兼法律學系主任

## 知其然，更要知其所以然

美國史丹福大學Merryman教授所著之《*The Civil Law Tradition*》一書，是一本雋永、甚受好評的比較法學小書，原文版雖迭經改版，中文翻譯版至今，總算有了最新的譯本可以嘉惠學界與學子，幸甚！

比較法學（Comparative Law）或法律比較（Rechtsvergleichung）對於台灣法學界而言，應該是相當重要，且早就習以爲常的事了。但是我們偶爾仍能看到對於比較法學抱持著奉若神明，或者嗤之以鼻的過猶不及的態度。因此本人不揣簡陋，特此贅言數句。美國當代人類學家Clifford Geertz認爲，唯有經過比較，甚至對於不可比較之事物進行比較，我們才能深入我們眞正有能力得以深入的任何事物之核心。誠哉斯言！但是，我們要比較的是什麼呢？事實上，在比較法的領域，一個人不曉得什麼是法律的知識，那麼他也很難知道究竟應該要比較什麼。「比較法」意謂著對於「法律」與「比較」都需具備知識論的基礎；比較法並非僅僅只是法律文本及規範性命題的比較。法律知識的客體絕不以此爲限。法律文本及規範性命題的比較往往僅只是以釋義學爲基礎的比較，

容易流於字面的比較、甚至淪爲劣質的比較。誠如Koschaker所言：「劣質的法律比較比不作法律比較更糟糕。」

事實上，法律比較與釋義學的研究，著重點固然互異，但是其實是可以互補、並成效卓著的。因爲法律不僅僅是主權所推行的規範及隨之頒布的文字，同時還是避免或解決衝突或者是促進某種利益的程序，同時也是一個社會使得事物具有意義的方式，是這個社會想像眞實或未來世界的特有態度。籠統地說，要不要保護人權？哪些人的人權？哪些種類的人權？透過什麼程序保護？保護到什麼程度？由哪個權力機關來保護？這一連串的設計，包括了各種有意、無意的定性與區別，也包括了更爲複雜的因利益、情感或理想而生的各種期待與反噬作用。無怪乎，許多比較法學者都指出：不同法系之間存在著法官、立法者與法學教授之間的重要性差異，其原因主要是源自於上述團體之間彼此出於政治與經濟之原因的權力鬥爭；而美國法上眾所周知的「社會工程師」、「法律的生命不是邏輯，而是經驗」等名言，與其說是關於法律的見解。毋寧說是關於美國的生活方式與世界觀的見解。

自Ernst Rabel以降，比較法學突出了兩大重點：功能與脈絡。詳言之，如果我們不知道法律規則、制度或體系如何發揮功能，我們便無法比較；如果我們無法將法律規則、制度或體系置諸法律、經濟與文化的脈絡，我們便無法知道它們是如何

運作的。換言之，比較書本上的字面的制度、規則或學理並無甚用處。比較法學者的領域是運作中的制度與法律。社會學家Durkheim曾主張，比較社會學並非社會學的一個分支，比較社會學根本就是社會學；我們也可以據此說：比較法學並非法學的一個分支，比較法學根本就是法學。Merryman的這本書正是這項作法當中的翹楚。

Merryman以其精簡的篇幅，生動地細數大陸法系的五大傳統：羅馬民法、教會法、商法、法國大革命，與法律科學。近年在這五大傳統之外，Merryman還觀察到大陸法系（特別是歐陸）國家有三大未來趨勢：亦即去法典化、憲法化、與聯邦化，這三個嶄新的趨勢陸續融入大陸法系，但並未讓大陸法傳統喪失生命力，反而讓它更具活力。我國作為大陸法系國家之一員，必須知其然，更要知其所以然，方能真正青出於藍、創造性的繼受。緣此，特撰文推薦此書；元駿兄優美、流暢的譯文更為此書增色不少，斯為之序。

劉臺強

中國文化大學法學院

# 推薦序十八

## Merryman透過Beccaria所見古代法至當代法中的刑罰史

　　Merryman本書主要在解釋大陸法世界刑事程序在革命時期的變革與現狀。首先，他選擇Cesare Beccaria（下稱「貝加利亞」）這位批判大革命之前歐洲刑法及刑事程序的重要作者。貝加利亞所撰《犯罪與處罰》（1764），乃是西方社會關於刑法與刑事程序歷史最具影響力的著作。作者當時年僅27歲，默默無聞，但此書以匿名出版後旋即洛陽紙貴，再版不斷。1765年，André Morellet將此書譯為法文，儘管Morellet在次序編排上作了更動，但風靡歐洲各地的也正是這個版本。本書在六個月之內出了七版。[1]伏爾泰對此書的評論於1766年發表，可謂錦上添花。[2]此後，伏爾泰的書評多半會將《犯罪與處罰》收錄其後；在1800年之前所發行的版本中，義大利文的23個版本有5個版本有收錄，以法文出版的14個版本有5個，英文版12個版本中有11個，而4個德文版中則有一個。[3]

---

[1] Maestro, Marcello, *Voltaire and Beccaria as Reformers of Criminal Law*, New York, Octagon Books, 1972, p. 69.

[2] 石井三記『18世紀フランスの法と正義』名古屋，名古屋大学出版会，1999年，136ページ。

[3] Maestro, *op. cit.*, p. 93.

貝加利亞此書雖是譯成英文，但討論的卻是大陸法傳統中的刑事程序，亦即糾問制度。這個制度於十二世紀因重新發現羅馬法的風潮而勢起，並在教會之中得到發展；自十三世紀起作為懲治異端的程序；在十六世紀則因國家主義的興盛而成為大陸法世界的主要程序。Merryman表示，國家主義的來臨至關緊要，因為在糾問制度中，刑事訴追代表國家對抗被控訴人的行為。由於審判不公開且以書面方式進行，被控訴者極易受到壓迫。為了取得被控訴者的自白，國家還可能會訴諸刑求。相對在普通法的世界中，事實審理對外公開、訴訟以言詞方式進行、有陪審團的設置、限縮法官權限等設計，防止了在大陸法世界所見的極端事例。而此種控訴制度的傳統，延緩了公訴檢察官這個糾問制度特徵的出現。

　　因此，普通法則被視為是一個公正而民主的法律制度。Beccaria堅持引進陪審制、以言詞取代書面不公開的審理方式、創設被控訴者權、限縮法官權限、禁止刑求等特色。不過該書的主張也不限於臨摹普通法制，更在創建新制。在Merryman看來，書中所舉五項原則皆為革命時期法律的基本特徵，如國家實證主義、理性主義以及對人權的關注等，均切合大陸法傳統，而非普通法傳統。這些原則，首先是無法律便無犯罪，也無處罰。此處「法律」是指由立法者所制定的成文法，此立法者代表的是因社會契約所聚集而成的社會。舊制度下沒有刑法典，因此所犯之罪究何所指以及相應之處罰為何並

不明確。此原則在普通法世界較為陌生，因在普通法世界中，並非所有的犯罪與處罰規定均應以成文法的形式訂立。其次，此種法律不應由法官解釋，以避免法律流於不安定。這種想法是受到孟德斯鳩的影響，其後則在1791年法國刑法典中得到實現。依此法典，無論犯罪情境如何，處罰均須與之一致，即便承認例外情形如正當防衛，一般也不構成減刑事由，僅法國刑法在1824年曾將之引入而已。法國第一批刑法典也同時受到法律明確性理念的啟發。此為Merryman的第三點。就Beccaria而言，當法官有權解釋法律而法律又未臻明確之時，惡果就會更大，因為人民無法清楚得知其行為的法律效果為何，而是取決於少數的解釋權人。第四，犯罪與處罰之間應合乎比例。若無刑法典的存在，舊制度下的法官不僅可就相同犯罪行為科處不同刑罰，同時也可能對較重的罪卻處以較輕的刑罰。第五，各種處罰應平等適用於犯罪之人，不可因社會地位不同而有不同處置。例如當時死刑的執行手段有肢解、樁燒、車輪、絞吊、斬首等約五種，但對貴族只以斬首方式為之，以護其名譽。此種執行手段上的分別已為1791年刑法典所廢，從此所有被判處死刑之人均得上斷頭台。

《犯罪與處罰》的影響無遠弗屆，以致於刑事訴訟的改革也成為法國大革命的主要訴求之一。事實上，在大革命時期與拿破崙掌政之間所創的五個法典，刑法典是首次依Beccaria的原則所編。法國大革命時期的刑事程序有三個階段——亦即調

查、預審以及庭審等。在後兩個階段中設置陪審團；在預審階段，受命調查的陪審團（instruction jury）以不公開方式，決定控訴是否成立；在庭審階段，職司審理的陪審團（judgment jury），以公開方式決定所成立的控訴是否有罪。不過，依照法蘭西共和國曆雨月7日（西曆1801年1月27日）法律（the law of 7 pluviôse an IX），犯罪起訴之權歸臨時監督政府所管。[4] 此法創設了新職──預審法官（instruction judge）──其職稱是由1808年刑事調查法（the Code of Criminal Investigation of 1808）所定。[5]預審法官是刑事警官（criminal lieutenant）的繼任者，承襲了糾問制度。因此，預審程序也在今日受到批評，德國在1975年廢除此一程序，其他國家如義大利則在二十世紀末採用普通法的模式。義大利另外也引進認罪協商制度。這顯示了兩大法制在今日已走得更爲接近。

福田真希

法國Lille大學司法史研究中心副研究員

---

[4] Berger, Emmanuel, Les origins du juge d'instruction sous la Révolution, le Consulat et l'Empire, dans *Le juge d'instruction. Approches historiques*, sous la direction de Jean-Jacques Clère et al., Édition Université de Dijon, Dijon, 2010, p. 28.

[5] Clère, Jean-Jaques et al., Introduction, dans Clère et al., *op. cit.*, p. 7.

# 推薦序十九

在我法律生涯初期作為一名紐西蘭的法學院學生時，我記得吸收了——幾乎是以滲透作用的方式——關於普通法與大陸法傳統及其制度的二分。透過學校的講演與實務課程以及個人的閱讀，我以十分有系統而且清楚明確的方式理解到普通法關注立法與司法造法、以依循判例原則作為核心、法官角色與司法裁量的重要性、法院的層級及其對辯式的審理方式等等。而對於大陸法傳統，我的學習方式較為片段，我所拼湊出來的模糊印象為：整全式的法典、因其定位而裁量權不大的法官、沒有一個具有拘束力的判決先例制度，以及一個與對辯式相對的糾問式審理制度。

不過，在吸收這些傳統智慧的過程中，我也記得曾經歷一種認知上的失衡。此即，就算考量兩大法傳統在文化與歷史上的迥異，這種嚴格的二元分立在邏輯層次上如何可能全然精確？

例如，大陸法傳統的普遍認知可能是，民法典完整無缺，法官角色僅在適用法律，而非解釋、發展或創造新法以處理法典未曾設想的情況。而身為普通法傳統的法律學生以及對語言哲學有興趣的哲學學生，我所學到的是人類語言的不確定性。

立法者會慎選明確的文字，但即便如此，在各種可能解釋之間仍不免了字句上的歧義。

哈特著名的一套說詞是，即便一條規則看似清楚，在透過必要的文句表達之後，不僅會產生出清楚的核心文義以及主要適用的情況，同時也會形成一塊不確定性的灰色地帶。一條禁止車輛進入公園的規則，明顯禁止汽車與卡車，但是否也禁止直排輪或小朋友的三輪車，則不確定，取決於較為複雜，且具有創設作用的解釋過程。此種不確定性的灰色地帶，是出於語言、目的與意義的本質。哈特本人是從普通法的角度出發，並且是用英文寫作。但他所討論的語言特徵與意義，則適用於任何語言。確實在任何法律制度中均免不了語言歧義，有賴複雜而積極性的解釋以及漏洞的填補。準此，大陸法法官在機械而呆板地適用其法典時，如何可能不進行裁量判斷？而此種武斷的說法如何能夠掌握全貌？

如果我當時已閱讀此書，它將能指引我，並解決諸多此種認知失衡的狀況。任何介紹性文本所面臨的挑戰，在於使複雜的內容淺顯易懂，同時又能避免過度簡化。上述關於我個人早期對大陸法傳統的粗解，並非得之於單一文本，而是從法學院的一般性討論以及未經熟慮的比較得來。然而，這顯示了深入淺出的難處。我過去對大陸法的理解能夠淺顯易懂，原因在於我與非專業人士無異，以十分被動的方式獲取並保有各種

觀念。但要說我的理解是因爲它們「好記」（sticky）也不爲過。畢竟我對於兩個法傳統刻版印象是過度化約的。此種簡約性並非優點，原因至少有二。第一，我對大陸法制度運作的簡單想像並不精準。其次，由於我對大陸法傳統的想像過於簡單，如將我所設想的兩個傳統進行比較，實無助於深化或提升我對普通法運作的理解。

梅利曼此書則十分巧妙地做到了分析上的平衡。它標記兩大法律傳統異同各處，既能使讀者容易了解，而且能作到「好記」的程度；又能使抽象原則具像化並臻於細緻。本書所歸納的各種特徵，可讓非法律人的讀者得以一窺究竟，並有助於掌握脈絡。也就是說，本書不但好理解，而且很「好記」。同時，本書也解釋這些抽象特徵的例外情形，因此不至於過度簡約二者的異同。如果我在學生時期接觸此書，將能有效避免自己當時對大陸法的奇想。

此一文本不僅可作爲大陸法的入門，也是比較法制之思考方式的簡介。實證法與法律制度屬於人造，而非出於自然；就像桌椅爲人類所造，不是自然發展成型而毋需人力介入。當我們在思考自己最熟悉的法律制度時，很容易認爲其理所當然，甚至不去「正視」該制度的樣態與常規。對普通法法律人而言，依循判例原則以及法官發展案例法的權威性，才可能是法制的根基。不過，普通法的構建方式如此，並不意謂其必然如

此，或者說，不表示沒有其他可能性存在。

學習其他法律制度，能使我們發現對自身法律制度未經思索的假設與盲點。如果有個人只見過紅色的椅子，那麼就給她一張藍色的椅子，或是一張綠色斑點的黃椅，她就會了解椅子其實未必一定是紅色的。她也可能因此提出其他問題，如：為什麼紅色的椅子是紅的？誰決定了它們的顏色？椅子是黃色有斑點的，和椅子是紅色的，有什麼不同結果？以及上述這些問題，對討論桌子而言有什麼意義？

本書並不只在描述兩個法律制度在實際操作上的基本異同。它也分析並說明這些異同背後，在歷史、意識型態以及社會觀念上的獨特之處。亦即，就算大陸法的法典不再免於漏洞與歧義，而與普通法的立法無異，兩個傳統的法律人所講述這些漏洞的故事也十分不同。

如果這是一本關於椅子的書，它並不只觀察這些椅子中有一些紅色，一些是綠色。它也會提及取得這些塗料的歷史，而不論該紅色塗料的名稱是「紅」、「磚紅」、「粉紅」或單純叫做「色椅」。它也會去說明，即便兩張紅椅乍看相同，但會被選擇漆成紅色，背後有著各自的往事與想法，有著各自主人所說關於其紅椅的故事。

當然，本書不是一本關於椅子，而是關於大陸法傳統。兩

個法律傳統的差異，不只停留在內容或描述性的層面，而是更深層地，探究法律內容背後意識型態、社會觀念以及歷史偶然性的底蘊。

　　梅利曼成功兼顧可讀性與複雜性二者，從本書初版之後將近五十年來大量重印、新版與譯本的出現可以得到證明。本書則讓中文讀者得以就近認識此一比較法上的經典名著。

*Zoë Prebble*

Faculty of Law, Victoria Univesity of Wellington

New Zealand

# 推薦序二十

　　能為此一重要作品寫序，感到非常興奮。過去一年來執行傅爾布萊特研究計畫的期間，很榮幸能與中國文化大學的藍教授合作。從一開始見面，便知藍教授肯定花了不少時間磨練他的語言能力。日後得知他在大學裡的職責外也從事法律翻譯，我一點也不意外。約翰・亨利・梅利曼與羅格里奧・佩雷斯－佩爾多莫合著的《大陸法傳統（三版）》，將大陸法制與傳統的概念，以合於廣大讀者群閱讀的文字呈現，具有相當的翻譯價值。藍教授曾向我表示，希望透過翻譯使台灣有更多法律學子接觸此一經典基礎文獻——我認為這個想法令人欽佩。我相信許多學生也會了解此書不僅非常實用，而且深受啟發。

　　過去的一年，我有幸作為台灣的傅爾布萊特研究員與博仁（Boren）研究員。選擇台灣作為研究地點，是因為台灣近年在人權領域的成效斐然，特別是我所關注的人口販運議題。自2009年以來，台灣在防制人口販運、受害者保護及起訴罪犯等領域，一直在整個區域居於領導地位。在性別平等、言論自由、醫療保健和宗教自由等領域，在台灣也同樣蓬勃發展。踏上貴寶地之後，對於台灣的法制和文化有了更多的認識，進而幫助我理解台灣是如何在這些領域取得成功的。

我今年一直執行的一項計畫，是協助一個非營利組織打擊侵犯移工人權的行為。我們把焦點放在漁業相關，並要求政府訂定保障移民勞工權益的相關法規，並使之合乎世界標準。我時常透過國際法院案例和人權監督機構的報告，來了解類似問題的處理方式。除了關注現行的機構和案件，也有必要納入台灣的司法解釋以及實務運作的狀況。對此，我花了時間研究案件背景，觀察非政府組織對目前案件的處理，並與機構內部的人員進行訪談。從而我了解到，對於處理勞動爭議的外籍人士而言，要理解並運用這些法制，存在著些許障礙。

　　在這個全球化的時代，在國外生活和工作的外國人比以往任何時候都還要多。了解自己國家的法律制度有賴審慎的實踐與教育；而要學習另一個短期身處之國家的法律制度，則挑戰更大，因為每個法律制度都是透過當地社會的文化規範以及對正義的理解所建構而成。特別是在低技術的移民工作場所，勞動者對於所在國的法律制度往往感到困惑或沒有能力理解。他們是勞動權益特別容易受到侵害的群體，因為他們面臨許多問題——諸如經濟或語言上的障礙、對作為受僱者自身權益的誤解，以及他們所在行業過去以來勞動權益的發展。倡議者的任務則經常是促進與所在國法制和文化的溝通，以便教導他們的當事人。而有效傳達相關法制，有賴倡者從當事者的角度理解

其權益。透過這些對話，彼此得以進行交流文化，也加深對自身國家、文化或制度的了解。

決定到國外做研究，是因為一位睿智的教授曾經對我說：「如果你心中有個問題，把它帶出國看看吧（If you have a question, take it abroad.）」這句話蘊含的智慧應有兩個層次。首先，如果你有一個問題（無論是關乎學術、專業、或是個人），你都可以藉由看看世界其他地方的人是如何處理它，來更加理解你的問題。其次，當你觀察不同的文化和習俗，你也更能理解自己的文化和習俗。跨文化的交流是成為全球公民的重要組成部分，對此我是深信不疑的。若無法從事旅行或交流，書本就是將我們帶離自身文化或習俗的一個很好的媒介。就像此書，可以讓來自普通法國家地區的讀者深入了解所身處的法律制度。

本書作者透過文本肯認此事，並透過說明兩大法律傳統利弊的方式予以呈現。藉此，作者更建議讀者用批判的眼光審視自身制度。

在閱讀「確定與衡平」一章時，我重新思考了我對二者的看法。我首先想到的是美國移民領域的確定與衡平。在美國移民法中，有許多領域國會的制定法並無明確的規範，而是由行政機關訂定法令來提供具體化的判斷標準。當個人因為這些爭議走上法院，法官首先看的是法律；如果法律不夠清楚，才參

考行政機關的相關法令。接著才是法院要決定該項法令是否有理——此種行爲被稱爲「司法退讓」（Chevron Deference）。有人批評此舉賦予機關和法官個人（而非民意機關）過多的權限去解釋並執行法規。我在美國從事移民領域相關工作時，則親見此類退讓的實踐。一般來說，我在學校的同事或政府機關的承辦人均會依照一套指導規則來辦理核發簽證、解決問題，或申請各項福利等業務。在過程當中，常見的情況是此類規則並未針對移民案件給予足夠的指導。是以，無論是校方或是政府機關，都只好依照他們自認爲正確的法令解釋作出判斷。我至今依然記得，自己曾因爲對另一個人的移民身份行使如此權力時所感到的不適。一個人竟能如此輕易——無論是否有意——作出令別人感到「有失公允」（less than just）的決定。大陸法傳統並未賦予公務員這種程度的代理權限——相反地，它還提供了一套邏輯步驟，旨在將個人決策的重擔降至最低。我認爲，排除由個人進行重大決策的機制，將能加強化法律的確定性。

　　Merryman和Pérez-Perdomo認爲法律制度會隨社會思想的興衰而變化。作者邀請我們回顧自身的法律歷史，以了解其中變化。我們的法律制度應該要能代表我們的文化價值觀，而一旦法制過時，人人都有責任表達關懷。在五十年代人權架構草創之初，水並非人權的一環。很明顯地，水是生存所必需，而

它卻被排除在人權架構之外，這使得提倡議者很難為那些需要水的人解決問題。隨著這個問題被發現，人權架構開始改變，並將水當作為一種權利。即使在今天，我們對於水權的理解仍然在變化；提倡者正在爭取將「使用衛生設施」納入人權。我們對於水作為一項權利在看法上的轉變，使我們能夠討論水不僅是一項生存權，而且是一種維護健康和尊嚴之權利的重要因素。近年來，聯合國水資源與衛生人權特別報告員一直呼籲農村地區婦女的缺水問題，她們在生理期間需要使用到水。女學生可能因此會無法上學，職業婦女可能無法上班；這對於該地區可能帶來嚴重後果。我們對取水這類看似簡單的事，在看法上已隨著時間逐漸改變，意謂著我們有必要反思我們的公民法治教育，它們反映了我們當前的文化價值觀。此事會因世界逐漸融為一體，科技不斷改變人們互動方式而更增重要性；我們將繼續面臨道德和哲學上的挑戰，而這些挑戰是在今日所無法想像的。

　　我們法律制度的樣貌為何，這個問題不僅僅是針對那些在法律領域工作的人而已，我們還必須將討論範圍，擴大至所涉及的各個領域，正如本書所收錄推薦序文的各種法律觀點。在討論法律時，更必須納入受到法律衝擊之人的觀點。在人權領域，受害者的觀點是進行改革所不可或缺的部分。本書兩位作

者給予讀者充分的機會反思自身法律制度。您在閱讀之時，也不妨從自身角度出發，思考您自己與本書所討論議題之間的關係。

*Dylan O'Donoghue*

Chinese Culture University

Taipei, Taiwan

# 推薦序二十一

　　大學階段的法學教育能夠或應該供給學生什麼樣的資糧？多數台灣的學生從十二年國教中，真正自主學習的空間極其有限，多數時間是被迫接受學校已安排好的課程，青春歲月就在背誦考試重點的日子裡度過。於是，我們的學生已經習慣追求所謂的標準答案，對於何謂思考以及如何思考恐怕未曾想過。這樣的情況在學生們考上大學法律系以後，似乎沒有多大的改變，主要原因在於多數大學法律系仍舊以國考上榜率作為教育目標，學生被鼓勵參與國考，並以錄取律師司法官作為辦學成果的證明。對於法律系學生而言，國考是否順利與未來工作兩者間當然關連密切，但是開始工作後該如何以所學處理現實生活中的大量問題，則取決於個人的法學素養程度。

　　經典羅馬法諺有云：「有社會必有法律，有法律斯有社會。」社會既為人類團體所構成，則必生出相應的規範，小從家庭大至國家，每個家庭有其家規，各國法律也各有其特色。台灣是個什麼樣的社會，衍生出什麼樣的法律以及具有什麼樣的法律特色，凡此種種均值得思考與研究，而致力於思考上的啟蒙並引領法律系學生探究法學的內涵與實踐，本該是大學法學教育的核心。本書譯者藍元駿教授基於上述理念積極推廣基

礎法學研究，在其大力奔走下，文化大學法學院於2018年通過系務會議正式成立「比較法研究中心」。今年更以中心名義開設「比較法概論」課程，以台灣法爲開端，並將觸角延伸至外國法律之探究，教學方式上由教師帶領學生閱讀原文，強調外語能力的培養。歷史法學派創始人薩維尼（Savigny）主張法律以及語言皆爲民族精神之產物，藉由原文的學習以感受各國法律規範之特色，期望吸引更多學生探索法學之美即爲本中心的初衷。

作爲比較法學研究的參考文獻中，則不能忽略「大陸法傳統」這本經典著作！本書共二十章，從兩大法律傳統談起，即所謂之大陸法與普通法。首先指出法律傳統有別於法律體制之概念區別，縱屬同一法律傳統之各國也有其迥異之法律體制。由此脈絡進一步說明大陸法傳統係由各個子傳統所構成之複雜集合體，從最古老的羅馬民法介紹起，易讀的文字使讀者如同看歷史小說般，漸進的掌握大陸法之發展歷程。此外，本書亦深入分析法官以及法學者其職務內容及其在大陸法傳統之影響力。其他內容尚包含民、刑事以及違憲審查之論述。最後，作者針對去法典化之趨勢提出對於大陸法未來發展的看法與反思。

譯者藍元駿教授長期致力於經典著作之翻譯，本書爲其第

四本譯著。本人有幸受邀聊以數詞爲序，並盼望有志於比較法研究的學生及同道們都能閱讀本書，必能有所獲益！


吳淑如

文化大學法學院比較法中心副召集人

# 三版序

　　本書自1984年再版至今，大陸法世界又發生了許多事。隨著蘇維埃帝國瓦解與社會主義法日消月蝕，多數前蘇聯之共和國重回了大陸法的懷抱。大陸法的「司法化」與「憲法化」持續進行，與「去法典化」和立法相對重要性降低二事並進；法官的權限與地位上升；具有法律影響力之全球性與區域性的組織和機構，則在數量上有所增加。這些大陸法世界所發生的根本性改變，與同一時期普通法傳統相對平和的演化過程相較，程度劇烈不少。

　　羅赫理歐・培瑞茲—帕德莫教授，為法律社會學及比較法領域的舉世聞名的人物，同時也經常於史丹福大學作客。本書第三版能有他的加入，並作為共同作者，使本書增色不少。

2006年於史丹福

*J.H.M.*

# 初版序

　　本書寫作的對象為非法律人的業餘人士，不是法律專業人士。其所設定的讀者群為：一般讀者——有興趣知道是什麼將西歐與拉丁美洲的法律制度結合在一起，而有別於英美世界的法律制度；對於非法律人——他們想了解歐洲與拉丁美洲文化的法律面向；對學生——他們希望找一本關於歷史、政治學、社會學、哲學、國際關係、區域研究，或是法律課程的延伸閱讀作品。對於未曾接觸外國法或比較法的法律人，基於實務或其他原因而有意填補此一缺憾者，本書或許也能有所助益。對於在歐洲或拉丁美洲（或其他大陸法國家）的公、私部門服務之人，本書也能提供相關背景知識。不過，我在外國法與比較法領域的同事，可能會認為此書過於基本，也略嫌泛論，未必能夠引起他們的興趣。

　　雖然我已試圖在書中表明，此書不在描述任何特定國家的法律體制；但在此還是應予特別說明的，是法國與德國的特殊問題。這兩個國家對大陸法傳統均有重大貢獻，在學術上也各自在大陸法世界中居於領先地位。同時，二者也都不算一個「典型」的大陸法體制。某種程度上，他們確實是當中最不典型的。法國大革命的意識型態以及法式風格的法典編纂，對德

國法的影響十分有限。德國的法律科學在法國也從未形成氣候。不過,在大陸法世界的其他地方,處處可見二者足跡以及兩相結合的身影。此在地中海歐洲以及拉丁美洲如此,於大陸法世界其他角落也多少可以得見。法國或德國的讀者或許會認為此書所述多處,無法作為其法律體制的表徵;原因即在於法國或德國他們的體制非屬大陸法的典型。大陸法的世界,涵蓋了歐洲、拉丁美洲、亞洲、非洲,以及中東等地諸多國家的法律體制。本書所談的是他們在此一法律傳統的共通之處,不是特指法國法或德國法。

本書所撰回顧一章,也應予特別說明。我無意建議所有大陸法國家的法律人均應接受並相信這些與其傳統相關的面向;對讀者而言,這將略顯多餘或反而不足。反之,我嘗試在通篇各處(並於第十九章再次強調,期盼讀者切勿跳過)指出,本書是在描述各種「盛行」的作風。法律人之中,有循規蹈矩、照本宣科的一般法律人,也有在法律思想前沿處深思熟慮、不吝批判之士。熟慮的法律人總是小眾而不具代表性,但即便在最為落後的國家中,我們也不意外總有一些法律人願意直言不諱:「我完全不認為如此。」在較為先進的大陸法國家如法國或德國,受啟發而悠游其中的法律人在比例上,以及該國法律秩序擺脫傳統桎梏的程度,自然會更高;這也是法國與德國非典型的例證。不過,本書是討論大陸法世界中一般法律人的基本想法,儘管在前衛法學思想中這些不見得正確。

史丹福大學法學院Bayless A. Manning院長，說服我了解此書的需求，並鼓勵我將之寫出。三位傑出的比較法學者——佛羅倫斯大學的Mauro Cappelletti教授、之前服務於牛津大學的F. H. Lawson教授，以及位於漢堡市的馬克斯・普朗克研究院的Konrad Zeigert教授——均不吝閱讀本書手稿，並給予諸多改善建議。我在史丹福的同事，George Torzsay-Biber博士在羅馬民法的許多問題上助益甚大。幾個世代以來，學者的創見與勤奮造就了外國法與比較法豐富的文獻，本書主要觀點均拜之所賜。漢堡馬克斯・普朗克研究院的助理研究人員Hein Kötz博士以及1967-68年間在史丹福大學法學院任教的Gernot Reiners先生均多方給予協助，特別在德國法上的權威文獻。Lois St. John Rigg女士對於手稿的出版，表現其專業、耐性以及平易近人的一面。感謝各位。

1969年於史丹福

J.H.M.

# 第一章
# 兩大法律傳統

當今的世界中，存在著兩支具高度影響力的法律傳統：大陸法（civil law）與普通法（common law）。本書所探討者，是其中歷史較悠久、流傳較廣泛，同時也是影響較深遠的大陸法傳統。

讀者可以察覺到，本書的用語是「法律傳統」（legal tradition），而非「法律體制」（legal system），如此作法，目的是要區別兩組迥異的概念。此處所謂的法律體制，意指一套包含法律之機構、程序與規則的運作機制。依此定義，美國有一個聯邦法律體制與五十個州法律體制，不同國家有其各自的法律體制，甚至在諸如歐盟與聯合國的組織中，亦有個別的法律體制。在一個由主權國家與國際組織構成的世界中，有多少主權國家與國際組織，就有多少法律體制。

各國法律體制通常可被劃分為某類或某族。因此，英格蘭、紐西蘭、加州與紐約州的法律體制一般稱為「普通法」的體制，將它們歸為一類，理由十分充足。然而，這並不代

表它們有著相同之職司法律的機構、程序或規則。相反地，他們之間仍存有極大差異，不僅實體的法律規定如此，法律的機構與程序亦是如此。

同樣地，法國、德國、義大利與瑞士也有其各自的法律體制，阿根廷、巴西，與智利亦同。誠然，這些國家通常被稱為「大陸法」國家，本書嘗試說明何以此種歸類方式是合理的。然而，必須要認清的是，這些國家現行的法律體制仍有諸多相異之處，他們的法律規則、法律程序，及職司法律的機構均相當不同。

本書先前的版次曾簡單提到第三個主要的法律傳統。大半個二十世紀，社會主義法（socialist law）主宰了蘇維埃帝國、中國，以及其他擁護社會主義的國家。當時，甚至在外交官方語言中，也嚴格區分所謂第一（資本主義）世界、第二（社會主義）世界，與第三（發展中）世界。社會主義法擁護國家社會主義的政經基礎以及目標，因此其關於國家、法律與社會的理念也大不相同。的確，在蘇維埃國家社會主義的全盛期間，曾有一股力量，組織性地致力於建構一獨立且有效的社會主義法傳統；然而，曾為大陸法傳統的社會主義國家，在社會主義法律的上層結構崩解後，大多回復至原來的法律傳統。

法律體制的不同，反映了過去數個世紀以來，整個世界被劃分為許多不同國家；在此背後的思想驅力強調國家主

權，並且助長了一種注重國家特徵與傳統的國家主義理念。因為如此，我們可以說，並沒有所謂的「大陸法體制」或「普通法體制」；反而是有許多各式各樣的法律體制存在於這兩大群體之中。不過，儘管法律體制不同卻被歸於一類，例如都被歸為「大陸法」，不啻意謂著它們之間存有若干共通之處，足以使它們與另一群被歸為「普通法」的法律體制有所區隔。而在此所謂的法律傳統，指的正是此一獨一無二的共通之處，使得法國與德國（以及許多其他國家）的法律體制，可以稱為大陸法體制。

法律傳統，顧名思義，並非一套關於契約、公司組織，或犯罪的法律規則，儘管這些規則總是某種程度反映了其所根源的傳統。相反地，法律傳統是一套根深蒂固、深受歷史影響的思想，形塑了法律的本質、法律在社會上與政治上的角色、一個法律體制的理想組織與運作，以及法律如何或應該如何制定、適用、研究、完善與教授。法律傳統將法律體制與其所體現的文化相連結，將法律體制放進文化的視野之中。

現存各式各樣的法律傳統中，上述的兩大法律傳統特別重要，因為它們盛行於科技先進的強國，而且也被有意無意地散播至世界各地，兩者之中，大陸法傳統不僅歷史較為悠久，流傳也更廣。它源於西元前450年，即羅馬時期十二表法（the Twelve Tables）出版之時，如今已是歐洲、整個拉

丁美洲、亞洲與非洲各地，甚至是一些普通法世界化外之地（如路易斯安那州、魁北克省、波多黎各）的主流法律傳統。大陸法是歐洲學者政治家（scholar-politicians）所熟悉的法律傳統，而這群人正是創立國際法的先驅。歐盟的基本憲章及其法律的持續發展和運作，均出自受過大陸法傳統訓練的人之手。大陸法傳統對於特定國家的法律、國際組織的規範，以及國際法的影響，再怎麼強調也不為過。

我們普通法世界不習於如此思考，因此值得一再重複，且有必要再強調的是，大陸法傳統歷史較為悠久，流傳更廣，影響較普通法傳統深遠；至少在此等意義上，大陸法傳統較為重要。在此或許應該一提的是，許多人認為大陸法在文化上較為優越，普通法似乎相對粗糙無章。關於優越性的問題實在無關緊要，曾對兩大傳統做過精密比較的法律人早已摒棄二者孰優孰劣的討論。不過重要的是，許多人認為大陸法的法律體制優於普通法。此種想法本身，已成為大陸法傳統的一部分。

因此，來自於中美洲相對晚近開發國家的法律人，可能認為他們的法律體制明顯優越於美國或加拿大。除非是敏於思考的比較法學生，否則他們可能喜以高人一等的姿態對待普通法的法律人。他們會承認我們的經濟發展較為進步，也可能羨慕我們的生活水準，不過只要想著我們的法律體制發展不成熟，我們的法律人文化相對落後，他們心裡就會舒坦

些。倘若忽略大陸法法律人的此種心態，很可能導致溝通上的誤解與困難。本書的目的之一，就是要讓大家瞭解此一心態的起源，並附帶說明為何此種心態就某些方面而言並沒有錯。

普通法傳統的開端，一般認為始於在西元1066年諾曼人在哈斯汀擊敗當地守軍，征服英格蘭。如果我們接受此一說法，則普通法傳統至今已超過九百年。這讓人想到，構成大陸法傳統重要部分的查士丁尼大帝（Justinian）之《羅馬法大全》（*Corpus Juris Civilis*）一書（下一章將深入討論）。此書是在西元533年於君士坦丁堡出版，傳至西元1066年當時，已與現今普通法的歷史相當。然而，由於大英帝國在殖民主義與帝國時期驚人的擴張與發展，普通法因而廣為流傳。如今，它成為英國、愛爾蘭、美國、加拿大、澳洲與紐西蘭的法律傳統，並且對亞洲與非洲許多國家的法律產生了相當影響。

儘管日本與中國並未被任何歐洲國家殖民過，但在十九世紀末、二十世紀初，兩國仍引進了大陸法傳統的各種法典與其他法律文書、法律文件，此可解釋為何許多日本、韓國與中國的法學家認為自己屬於大陸法世界的一分子。不過，比較法學者認為東亞地區存在著一獨立傳統，其文化重視社會和諧，遵守社會階層。有些觀察者將這些特徵歸因於儒家思想，認為存在著一種儒家的法律傳統。確實，日本與德國

的法律與文化並無太多相似之處,儘管兩國的民法典幾乎相同,而且德國法教科書在日本也有一定的讀者群;美國的公法也對日本與韓國影響甚鉅,但沒有人會認為他們屬於普通法國家。

伊斯蘭世界也經歷了各式各樣的法律影響。早在二十世紀,土耳其引進瑞士民法典作為其現代化工程的一部分。黎巴嫩與阿爾及利亞曾被法國殖民而繼受了法國法,但其後成為獨立國家後,便走上各自的道路。其他國家如葉門與沙烏地阿拉伯,則受西方法律影響較少。在許多伊斯蘭人口眾多的國家,因為宗教復興狂潮,使得伊斯蘭的法律傳統再度受到重視。但這些國家的世俗法律(secular law),很多仍是源自大陸法與普通法傳統。

大陸法與普通法並非毫無交集。二者同為西方歷史文化的構成要素,其間自有多方接觸並相互影響。美國憲法部分是歐洲啟蒙運動影響下的產物。其後,美國的憲政主義(constitutionalism)又對拉丁美洲和歐洲產生了偌大影響。例如:司法審查(judicial review)如今已深植兩大傳統之中,源於大陸法傳統的建物區分所有的(condominium)觀念一直為美國所擁戴,而許多大陸法的體制也納入普通法中的信託概念。

此二傳統均源自歐洲一事值得我們深思。當今世界當然還存在著許多其他的法律傳統,且新的法律傳統也不斷形

成。我們所謂的兩大法律傳統其位居主宰地位乃是早期歐洲帝國主義直接影響下的結果，如同羅馬法在早期居於主宰地位，是由於羅馬帝國主義一樣。

　　史家習於論述人類事物中恆常與變化共存的現象。儘管本書在此不以書寫法律歷史為目的，但我們討論大陸法傳統時，還是必須將它視為一種延續性的存在，甚至作為法律體制本身的特殊要素，亦隨著此傳統共同興衰演進。我們所要描述的大陸法傳統，未必為十八世紀法國或西班牙的法律人所理解，正如同華爾街的律師與伊莉莎白時期的御用狀師（serjeants-at-law）不甚相同一般。傳統中的變與不變是我們在此書中討論的重點之一。

# 第二章

# 羅馬民法、教會法、商法

我們對於大陸法傳統的討論，一直都將其視為同質之物，現在，我們必須面對令人難以接受的事實：真實情況並非那麼簡單。大陸法傳統是集合體，由許多個別的要素或子傳統（subtraditions）所構成，有其各自的來源，並在歷史上不同的時期各自發展。本章與其後數章，將討論這些子傳統，分別為：羅馬民法（Roman civil law）、教會法（Canon law）、商法（Commercial law）、革命運動（the Revolution），與法律科學（Legal Science）。藉由簡短討論上述各項，可以迅速而概要地說明大陸法傳統的歷史進程，並且展現此一傳統的複雜所在。

最古老的子傳統能直接回溯至羅馬法（Roman Law），由查士丁尼大帝於西元六世紀所編纂並予以法典化，內容中規範人、親屬、繼承、財產、侵權行為、不當得利與契約，以及法律上所保障的各種相應救濟途徑。儘管真正實行的法律不斷改變，且通常改變幅度驚人，但自從西元533年以來，查士丁尼《法學階梯》的前三卷（關於人、物、義務）

9

以及十九世紀主要的幾部民法典，實質上討論的問題大致相同，絕大部分都涉及大陸法法律人所稱的「大陸法」。歐洲與世界其他接受大陸法傳統的地區深信，這些主題為一個相互關聯的法律整體，構成法律體制的主要內容，此亦為普通法法律人眼中之大陸法的主要特徵之一。政府活動的擴張以及對於公法的日趨重視，並未明顯改變這種狀況，「大陸法」仍為多數大陸法法律人的基本法，因而產生一個文字用語的問題。普通法法律人所用的「civil law」，指的是大陸法傳統下各國的整套法律體制，而在該傳統中的法律人卻是用「civil law」指稱前述法律體制中的特定部分。是以本書針對此一特定部分的法律，將改以「羅馬民法」（Roman civil law）一詞來說明。

當居住君士坦丁堡的羅馬皇帝查士丁尼得到法學家垂波尼安（Tribonian）協助，下令籌備今日所稱的《羅馬法大全》時，他有兩個主要目的。第一，他是一位反對改革的保守分子。他認為當代的羅馬法漸趨式微，他想要解救羅馬法制數世紀以來的沉淪，使之重返原先的純粹與榮耀；第二，他是一位法典編纂者。他認為不論是權威性或看似權威性的文件數量已經太多，其中甚且包含許多的修訂和不同觀點，因此有必要剔除當中錯誤、模糊、重複之處，以解決矛盾和疑慮，並將值得留存下來的部分匯整成一體系。他特別關注出自法律學者——即所謂的法學家（jurisconsults）——之

手、數量龐大、種類繁多的長篇評述與專論。他試圖摧毀古典時期偉大法學家的權威，同時也想讓後代不需要再撰寫各種評述和專論。

《羅馬法大全》出版之後，查士丁尼禁止人民再引用法學家的著作，經查士丁尼認可的著作，便納入《羅馬法大全》，此後如需引用，只能引用《羅馬法大全》，而非原著。同時，查士丁尼也禁止人民評述他所編纂的法典。換句話說，除納入《羅馬法大全》者外，他要將先前的法律全部廢除。他認為法典的內容足以解決各種法律問題，毋需藉助法學者進一步的解釋或評論。他將垂波尼安蒐集的法學著作手稿全數焚毀，藉此得以更有效地貫徹他的禁令。禁止引用《羅馬法大全》以外著作的命令，所造成的摧毀效果更為嚴重，因為人們會自然而然不再想去保存或抄錄這些法學家的著作（這兩個作法影響所及，對於進行查士丁尼前的羅馬法研究者而言，毋寧倍感艱辛）。不過，禁止評述其所編法典的命令較不見成效，甚至在他生前即已不受尊重。

查士丁尼的《羅馬法大全》內容並不以羅馬民法為限，其中涵蓋許多關於皇帝權力、帝國組織以及諸多在現今被法學者歸為公法的事務。不過，關於羅馬民法的部分，一直是研究的重心，同時也已成為大陸法世界法律體制的基礎。至於其他部分，則因為內容較無法適用於不同時空背景下的人民與政府，而略受忽視。無論如何，《羅馬法大全》當中關

於羅馬民法的部分，占了該書的絕大篇幅。

　　隨著羅馬帝國在西方的衰落，羅馬法也失去了發展動力。在義大利半島，侵略者使用的是較為粗糙、不甚精密的羅馬民法，他們同時也帶來日耳曼的固有法律習慣，亦即個人無論身居何處，都會受到其所屬國法律的拘束，但此僅適用於侵略者自身，而不適用於被他們征服之人。即便如此，某些日耳曼部落法律在義大利、南法及伊比利半島等地，仍與在地職司羅馬法律的機構產生融合，歷經數個世紀之後，便造就了歐洲人所謂羅馬法的「通俗化」或「野蠻化」，如今為法史學者的關注焦點。查士丁尼的計畫並不僅止於羅馬法的復興，更是整個帝國的復興，當時他為東羅馬帝國（即拜占庭帝國）的皇帝，企圖奪回義大利半島的行動未能成功，今西歐一帶除西班牙外均落入日耳曼侵略者之手；而西班牙當地的西哥德人後由阿拉伯人取而代之。

　　隨著歐洲人再度掌控地中海，一段智識與文藝狂飆再生的非凡時期就此展開，世稱中世紀文藝復興，人們再度對於法律的智識與學術感到興趣。大陸法法律人一般所稱的「羅馬法的復興」，公認始於十一世紀晚期的義大利波隆那。然而，更早在九世紀時，東羅馬帝國就對《羅馬法大全》重拾興趣，因而（以希臘文）出版了《巴西爾法典》（*Basilica*）。儘管《巴西爾法典》的影響力遠遜於其後義大利的文藝復興，但它一直是希臘民法的重要來源，直到二

戰後，希臘正式通過首部民法典，這種情況才有所改變。

　　現代歐洲第一所大學出現在波隆那，法律為其主要的研究課題，不過，他們研究的法律並非日耳曼侵略者所實行的庸俗化羅馬法，也不是地方城鎮、商人公會或是小國君主所制定或長期沿襲的規則。他們研究的法律是查士丁尼的《羅馬法大全》。

　　這所大學之所以獨鍾於《羅馬法大全》而忽略當時通行的其他法律領域，有很多原因。首先是中世紀歐洲對於智識的觀點，認為「我們均為巨人肩上的侏儒」，先哲的智慧見諸聖經、教會神父的著作，或亞里斯多德的著作等典籍，而偉大的法律典籍就是《羅馬法大全》，特別是其中的《學說匯纂》（*Digest*），內容包含羅馬法、帝國與教會之法（因為當時的教會受羅馬法拘束），因此同時擁有來自教宗和世俗皇帝的權威，從而使得《羅馬法大全》，相較於地方君主的立法、同業公會的行規或是地方習慣而言，不論在效力或是適用的範圍上，均遠為優越。

　　其次，法學者肯認《羅馬法大全》具有高度的智識性。他們認為，此著作──他們稱之為「成文的理性」（written reason）──優越於日耳曼侵略者所使用的野蠻化編輯物。《羅馬法大全》所承載的，不僅是教宗與皇帝的權威，更是優越文明與智識的權威。

　　不久，波隆那與義大利北部其他大學成為西方世界的

法律中心，來自歐洲各地的人們前往當地學習義大利大學所教的法律，他們學習的法律是《羅馬法大全》，共同的學習語言是拉丁文。曾有一系列思想學派專門討論《羅馬法大全》的研究與解釋方法，其中，法律見解或是學風均特別出眾的，是註釋學派（Glossators）與評述學派（Commentators）。他們累積了大量文獻，後來也成為研究與討論的對象，因而具有一定權威。

留學波隆那的學者返國後在自己的國家建立大學，他們也尋繹註釋學派與評述學派的方法，在大學教授與研究《羅馬法大全》中的法律。如此，羅馬民法和兩派學者的著作便成歐洲法律的共同基礎，法史學家稱之為共同法學（jus commune），有著一套共同的法律與法律論述、共同的法律語言，以及共同的教學和研究方式。

最後，在法國一群被稱為人文主義者（Humanists）的法律學者，批評《學說匯纂》未經條理化，且因果關係模糊。他們崇尚人文主義和理性主義，轉而研究查士丁尼的《法學階梯》，此書篇幅較小，井井有條，而且此書在一開始的寫作目的便是作為法律教科書。

民族國家的興起與王權的擴大，為受過大學教育的法學者提供了一個絕佳的機會。他們任職於君主用以遂行統治的王室官僚體系。對於這些知識分子官員，真正的法律仍然存乎在當時他們大學所研讀的古老文獻之中，他們不認為君主

立法（royal legislation）足以構成法律，而是一種解釋。結果弔詭的是，羅馬法與共同法學反而在民族國家興起時期壯大興盛。

在歐洲某些地區（如德國），羅馬民法和波隆那學者的著作正式地「繼受」成為具有拘束力的法律（大陸法法律人用「繼受」一詞來概括說明大陸法世界中民族國家將共同法學納入其國家法律體制的過程）。而在歐洲其他地區，繼受則非如此正式；《羅馬法大全》以及註釋學派與評述學派的著作具有權威性，乃是因為他們訴求一個更為優越的知識體系。然而，無論如何，西歐大部分地區都繼受了羅馬民法，這些國家如今已是大陸法傳統的發軔之地。

在十九世紀，西歐主要國家以法國1804年的拿破崙法典作為原型，制定了民法法典（以及其他法典）。這些民法典的主題，與查士丁尼所編《法學階梯》前三卷的主題以及中世紀歐洲共同法關於羅馬民法的部分，幾近一致。其中主要的概念均來自羅馬法，或是說，經過理性化的羅馬法，且在組織編排以及概念結構上，均十分相似。今日歐洲或拉丁美洲的民法典，均明白顯示羅馬法及其在中世紀和現代復興所產生的影響。羅馬民法毋寧體現了大陸法傳統中最古老、研究最持續澈底（大陸法法律人的觀點），同時也是最根本的部分。

羅馬法常被說是羅馬對西方文明最大的貢獻，而羅馬人

的思維方式也確實深入西方各國的法制之中，在此意義下，所有西方的法律人都算是羅馬的法律人。不過，在大陸法國家中，羅馬民法的影響較普通法世界更為全面、直接，而且具體。

　　大陸法傳統中第二古老的部分是羅馬天主教會（Roman Catholic Church）的教會法。教會法始於基督教時期，有著一段十分有趣的歷史，包括偽造文件被當真跡長達數個世紀。對於教會法原始資料的匯整有著各式各樣的蒐集與梳理，時至波隆那復興之際，已有一整套成文化的教會法可供研究。葛拉蒂安（Gratian）所編的《教令集》（*Decretum*）之於教會法，就相當於《學說匯纂》之於羅馬法。

　　這些法律與程序是教會為了內部治理而發展出來，用以規範信眾的權利義務。正如同羅馬民法是世俗帝國的普世法（universal law），直接代表皇帝的權威一般，教會則為精神世界的普世法，直接代表教會的權威。

　　不過，在實際上不同類型法律的區分並不清楚。王室法院（Royal court）理應適用國王頒布的法律，但其中成員卻是在大學受羅馬法訓練而偏好羅馬法的法學者。領主法院（Seignorial courts）適用習慣法（customary law），同樣受到這批法律學者的影響。教會法院（Ecclesiastical courts）的成員則是教會法法官，在大學同時受過教會法與羅馬法的

訓練。當時常有管轄權重疊的情形，教會法院在親屬法或繼承事務，乃至於某些類型的犯罪案件中，往往享有管轄權。

在大陸法世界的大學之中，教會法的研究併入羅馬民法的研究。學生研究的是「雙法」，此即羅馬民法與教會法，對於完成全部課程的學生所授與的學位為「雙法博士」（Juris Utriusque Doctor）（在大陸法世界中，有些大學至今依然授與J.U.D.學位）。由於二者在大學被共同研讀，所以常有相互影響的情況出現；而教會法也同羅馬民法一般，促成共同法學的形成，後為歐洲各國所繼受。

教會法對共同法學的影響，主要在親屬法與繼承法（二者均為羅馬民法）、刑法以及程序法的部分。在歐洲的教會法院被剝奪民事審判權之前，其在程序方面發展出來的諸多重要原則與具體制度，一直為王室法院所採用。

此種兼採羅馬民法與教會法的共同法學，在當時的歐洲獲得普遍的適用。在此同時，當然也有許多地方性法律，或源於習慣，或出自君主、貴族、城鎮或地方行政區等的立法。基本上，這些法律被認為是例外，且僅具地方性的意義。法律學者所關注者，乃集中在共同法學，而非各種地方性的差異。不過，地方性法律對於共同法學的發展也具有影響力。許多極為重要的法律教師與學者，本身同為法律執業者（practicing lawyers），持續接觸實際運作的法律。他們認為習慣法與地方性法律，特別在諸如刑法等等羅馬法尚未

開發或被認為不易適用的領域中，協助他們形成對於共同法學的想法。同時，他們的學術偏好以及對於羅馬民法優越性的堅持，大大影響地方性法律的發展，二者往往因學者所採取的立場而逐漸靠攏。

歐洲各國對於共同法學的繼受，最終喚起一股源自國家主義情懷、對於固有法律體制的認同與保存（有些國家則是榮耀）風潮。法國有習慣法地區（pays de droit coutumier）與羅馬法主宰的成文法地區（pays de droit écrit）之別，隨著法蘭西自覺是一民族國家，習慣法地區的不同習慣成了民族自豪感和學術興趣的來源。革命運動以後，法典化工作致力將來自各種習慣法上的具體制度納入統一的新國家法秩序。在德國法典化研議過程中，興起了一場所謂日耳曼法學派（Germanists）與羅馬法學派（Romanists）的爭論，而原意作為統一德國之用的民法典草案，因為日耳曼法學派的反對而遭到否決，其理由乃是該草案無論形式或內容，均是純然的羅馬法，而忽略了當地法律的具體制度，後來他們成功推動對法典的修正，使之更具日耳曼色彩。

從許多方面來看，歐洲主要國家法律體制發展的某些特徵，均可直接追溯至對於認同、延續與榮耀固有法律體制的追求。此一傾向，確實是當代大陸法體制之間存在實質差異的主因之一。但將這些國家連結起來的原因，是這些固有的法律體制一直以來與羅馬民法的形式與實質相結合，並且受

到共同法學的影響。羅馬的影響著實顯鉅,固有法的貢獻儘管重要,卻也只能居次。此與基本的法律態度或概念無涉,也無關乎法律秩序的組織與型態,而是源自更為古老、發展更為全面而精緻的羅馬民法傳統。

在羅馬民法與教會法之後的第三個子傳統是商法。儘管某些商法的規定與商業的歷史同樣悠久,但西歐的商法(普通法世界的商法亦同)主要是在十字軍東征期間的義大利發展出來。當時地中海區域重回歐洲經濟主導地位,義大利商人組織同業公會,制定商業行為規範,中世紀義大利城鎮成為當時的商業中心,從這些城鎮(特別是阿瑪菲、熱內亞、比薩與威尼斯)發展出來的規範,對於商法的發展有一定的影響。不若羅馬民法和教會法的濃厚書卷氣息,且多為學者所主宰;商法毋寧是實際從事商業者創造出來的實用產物。商法的解釋與適用,由商人擔任法官之商事法院(commercial courts)決定。商法的主要法律依據,來自於商業需求以及商人的利益,而非查士丁尼或其他教會法學者的編纂作品。不過,儘管如此,商事法院的法官依舊諮詢法學者,以避免牴觸王室法院,羅馬法的語言與具體制度因此影響商法。

商法從同業公會組織與濱海城市活動發展而來,旋即顯現國際化特徵,成為整個商業世界通用的商法,甚至及於英格蘭等某些排斥羅馬法的地區。此一歐洲通用的商法,其

後由民族國家所繼受，最終整合成各種商法典，而在十八、十九世紀風行整個大陸法世界。

此三個大陸法的子傳統——羅馬民法、教會法與商法——乃是現代大陸法體制中，絕大部分的私法與程序法及諸多的刑法中，各種概念、建置，與程序的主要源頭。而現代的大陸法形式，也同時受惠於革命時期之法以及法律科學（將於之後數章說明），這些全都體現在大陸法轄區中典型的五種基本法典：民法典、商法典、民事程序法典、刑法典與刑事程序法典。

# 第三章

# 革命運動

　　誠如我們所見，大陸法傳統五個主要子傳統中的三個──羅馬民法、教會法與商法──乃是多數法律的歷史源頭，體現在許多大陸法區域內所實行五大基本法典之中。讀者會察覺大部分的公法，特別是憲法與行政法，明顯不在清單之列。原因是當代大陸法國家的公法，大多源自西方始於1766年的革命運動，此運動影響了大多數的西方國家，其中包含許多重大事件，諸如在美國與法國的革命運動、義大利統一復興運動（Italian Risorgimento）、解放拉丁美洲諸國的一系列獨立戰爭、俾斯麥統一德國，以及希臘在歷經土耳其數百年統治後的獨立運動。

　　但這些事件本身實為知識革命的產物，此為更深層次的面向。長期以來對於政府與個人關係的思考模式最終遭到推翻，取而代之的是對人性、社會、經濟與國家的嶄新思維方式，即便是在西方許多免於暴力革命之處（如英格蘭），這些新思維也漸成主流。大陸法傳統中公法的主要來源依據，正是此知識革命。儘管詳加梳理歷史可以發現，許多當代政

府體制的源頭，不少來自先於此革命運動的法律文獻，但事實上主導歐洲公法的精神以及其所體現諸多的概念與建置，均出自於現代，與歐洲史上的羅馬時期或中世紀時期的淵源反而不深。

不過，革命運動影響所及，並不以公法為限。源自羅馬時期與共同法學的基本法典之形式、適用方法，甚至小部分的內容，也深受革命運動影響。知識革命孕育出的法律新思維，對於法律體制的組織與行政管理，以及實體法與程序法的規則等部分，均有重大影響。

革命運動在思想上的主要推動力之一，是向來被稱為世俗自然法（secular natural law）者（稱作「世俗」，乃是因為它並非出自宗教教義、信念或相關權威；革命運動的思想毋寧十分的反宗教與反教會）。其基本思想來自美國獨立宣言與法國人權暨公民權宣言揭櫫的人類天性，因此其論理基礎即是人生而平等，並享有財產、自由、生命等天賦權利。政府的作用，應在於承認並保障這些權利，同時確保人與人之間的平等。政府應由經選舉出來的民意代表來運作。

封建制度（feudalism）的遺緒，亦即基於土地所有權而授與社會地位與公職，明顯與上述新思維不相符合，其他基於土地所有權以外因素的各種貴族階級，如司法貴族（the aristocracy of the robe），亦是如此。法國大革命之前，司法官職視同財產，可以買賣，也可於死後留給繼承

人。孟德斯鳩（Montesquieu）本身就繼承了如此一職，在職十年後再將之賣出。法官在當時屬於貴族階級，支持地主貴族（landed aristocracy），對抗農民與都市的勞工和中產階級，同時也對抗在巴黎的中央集權政府。當革命運動興起，貴族階級一垮，司法貴族也隨之倒下。

知識革命的第二個宗旨為政府權力分立。許多作家，著名如孟德斯鳩在氏著《法意》（Spirit of the Laws）一書中，極有說服力地論證出建立並維持政府權力分立一事，對於一個理性政府的根本重要性，特別是將立法與行政，以及立法與司法，作出明確的區別和分離，其目的無非在於防止司法擅入其他兩權的專屬領域——造法（lawmaking）與執法（the execution of the laws）。此種對待司法權的傾向並不存在於美國，無論美國革命之前與之後皆是如此。美國發展出來的監督與制衡（checks and balances）機制，並未特別強調獨立司法權，而且這套機制根源的理念，也與大陸法世界所常見嚴格區分權力的思想基礎不同。強調此點並瞭解何以如此，有其重要性。

在法國，司法貴族是革命運動的標靶，原因不僅在於他們認同地主貴族，也在於他們未能明確區分用法（applying law）與造法（making law）。由於這些缺失，使得王權一統王國以及推動相對開明進步的立法改革過程屢屢受挫，法院拒絕使用新法，不依立法意旨解釋法律，甚或阻礙政府官

員執法。孟德斯鳩等人於是主張，防止諸如此類濫權情況，唯有先將立法與行政從司法權分離出來，再謹慎規範司法，方能確保其能自制適用立法機關所立之法，且不阻礙政府官員的執法之責。

相反地，在美國與英格蘭，有著不同的司法傳統，法官往往站在人民一方，成為對抗統治者濫權的進步力量，同時也是促進政府權力集中化與摧毀封建主義的重要角色。在此，並不存在有對於司法造法與司法介入行政的恐懼。反而，法官有權影響普通法的發展，一直是常見而受支持的機制，一般公認法院擁有職務執行令（mandamus，強制政府官員履行法定義務）與權利開示令（quo warranto，質疑政府官員行為的合法性）的權力。在美國革命運動中，司法機關並未如在法國一般地成為眾矢之的。

此時正值理性時代（Age of Reason），理性主義支配了當時的思想，認為理性掌控了人類的活動，只要經過縝密地理性思考，所有難題將迎刃而解。當時還沒有潛意識的觀念，而過去歷史上非理性的各種力量也尚未受到重視，人們樂觀地認為，現存的法律與具體制度能夠廢除，取而代之的是從無可辯駁之第一原理所推導出的新法制。

革命運動時期強調人權，因而產生諸多關於個人自由（individual liberty）的表述，見於美國的獨立宣言，也見於法國的人權暨公民權宣言。然而，二者存在一項重要的差

異。封建主義（一般而言，這是許多歐洲與拉丁美洲革命分子使用的非專業性用語）存活於歐洲以及拉丁美洲，延續了原有的許多社會不公；然而在美洲的殖民地中，同樣源於封建時期職司法律的機構，則早已無法複製封建社會中那種社會上與經濟上的不公正。因此大陸法世界中的知識革命，相較於美國而言，具有更為強烈的反封建傾向。強調個人財產所有權以及法律所保護個人所有權的義務，某種程度來說，是對封建制度下依附地主占有（dependent tenure）所為之反抗。而強調個人有權處理自身事物並在社會中水平與垂直移動，則是針對封建主義將個人侷限於某處或特定身分地位之傾向所為。此一革命運動，間接促成了梅因爵士（Sir Henry Maine）所謂「由身分到契約」（from status to contract）的轉變，結果導致對私有財產與契約自由的過分重視，類似十九世紀英國與美國過度發展的個人主義，只不過大陸法世界的反抗帶有獨特的反封建色彩。

同時，革命運動在榮耀世俗國家（secular state）的進程中，也可以說向前邁了一大步。此後，個人在世俗的忠誠便主要歸於國家；封建義務與關係遭到廢除；各種宗教性義務在法律上殘存的重要性也失去大半；教會法院失去原已無足輕重的世俗審判權；家族關係現在改由法律（亦即由國家）來界定和規範；地方政府自治權遭到廢止；同業公會與企業的規制權力也被剝奪，各種不同的法律傳統被併入一個單一

的國家法律體系，原先複雜的法律世界，頓時簡化。從此，法律世界在理論上只存在個人和國家這個龐然大物。

民族主義（Nationalism）是榮耀國家至上的另一面向，其宗旨為，一國的法律體制應體現民族理念及民族整體文化。如此的一國之法，應以民族語言呈現，且應納入民族的法律觀念與具體建置。於是，共同法學的權威（而非內容）受到排拒，大陸法世界中的共同法學如今已成歷史，日後，所有法律都是民族之法，其與共同法學的歧異之處不僅得到承認，甚至被評價為民族智慧與身分認同的象徵。

因此，革命運動內蘊了諸如自然權利、權力分立、理性主義、反封建主義、資產階級自由化、國家主義以及民族主義等知識理念，諸此種種，只要拿捏得當，都足以尊為理想或觀點。然而，在革命運動期間及其後數年，卻瀰漫著一股矯枉過正的風氣（如同一般革命運動）。可憎的過去被塗上過度陰暗的色彩，革命運動所追求的目標被理想化，而實現的可能性也被視為理所當然。是以，改革路上的難題遭到忽視或簡化，終而，意識型態狂熱取代理性；革命理念變成教條；變革淪為空想。

特別是在法國，就如十月革命後的蘇聯，烏托邦氛圍尤為強烈。托克維爾（Tocqueville）嘗謂「法國大革命最後發展成一種宗教」。此種發展深深影響法國革命期間的改革，而由於法國革命時期的法律在境外影響甚大，因而大陸法世

界許多國家的法律體制，均可見法國大革命特有的強烈烏托邦主義色彩，以及對其的各種反動。對於權力分立的強調，造就獨立的行政法院系統，限制立法機關進行司法審查，並弱化法官在司法程序所扮演的角色。天賦人權理論導致過分強調個人財產權與契約，造成公法與私法的極端對立。而榮耀國家、民族主義以及理性主義的結合，造就了大陸法式的特殊法理論，並決定了基本法典的形式與風格。

# 第四章
# 法源

　　因應時代需要，一個更有效率而中央集權的政府體制（也就是現代民族國家）應運而生，於是乎中世紀多元中心、高度去中央化、結構無效率的政治世界因而沒落。為了促成此種轉變，同時落實革命運動的成果，需要一種意識型態，而民族主義——國家的意識型態——正符合此一需求。若說民族主義是當時的主流意識型態，那麼主權的概念便是其法律意義的基本前提。

　　主權的概念在當時已存在數世紀之久。作為一個法律概念，它的發展可以上溯幾位歐洲思想家的著作，特別是法國的布丹（Jean Bodin）、荷蘭的格勞修斯（Hug Grotius）以及英國的霍布斯（Thomas Hobbes）。布丹與霍布斯著重內國的主權，也就是國家的最高性（supremacy of the state）不受任何外在的限制，用以規範國家與人民之間的關係。人稱「國際法之父」的格勞修斯則更強調國與國之間的關係，他的國際法著作不僅支持強權國家建立殖民地與帝國的主張，同時也試圖規範這些行為。

　　國家實證主義運動的另一面向，係出自於歐洲革命運動
具有的世俗化特徵。儘管各國的形式及程度不一，但咸認為
法律具有神聖性起源的思想——無論是以直接方式表達者，
如神聖法（即聖經），或間接透過天賦的人性表達者，如羅
馬天主教的自然法——如今皆已失去其僅存的大部分活力。
儘管人們對於造法程序的神聖性仍給予形式上的尊重（例如
美國獨立宣言），但此後的主流思想卻是認為，真正的造法
權最終仍然繫屬國家。羅馬天主教自然法已失去其控制君主
的權力。世俗自然法儘管為革命運動提供許多知識動力，但
卻無法有效管控國家活動。它缺乏組織奧援，也沒有制裁權
力。自然法學者與法律實證主義者之間的長年爭論（學習法
哲學的學生對此定不陌生）因而有了明確地解決，至少從操
作層面而言，是實證主義者占了上風。因此，儘管此一辯論
依舊持續，但在現代國家興起之後已具濃厚的學術味，畢竟
所有西方國家均是實證主義傾向。

　　歐洲在封建與近現代時期普遍接受羅馬教會共同法，現
代民族國家的興起破壞了這種法律一統性。共同法學不禁使
人聯想到神聖羅馬帝國，是一種超越地方部族、社群與國家
的多樣性法律。隨著封建制度沒落、宗教改革以及最終神聖
羅馬帝國權威弱化，中央集權化的君主制度勃興，主張人民
對其效忠盡力。中央集權國家與中世紀依附封建制度而生的
階級——莊園自治形成對立，也與國家以外的各種權力對

30

立，國家試圖成為獨一無二的法律來源（source of law），對內對外均主張對己主權，於是，民族國家的法律體制開始取代共同法學的地位，後者淪為附屬性或補充性的法律。「quod principi placuit habet vigorem」（君主所屬意者即為法律）一句說明羅馬法本身成為國家法律自主的正當性基礎，並在最終服膺於國家法律體制。君主的權威取代了共同法學的權威。儘管在內容上，民族國家的法律仍持續大量取用共同法學，但其權威性，卻是來自於國家。

於是，絕對主權（absolute sovereignty）的時代就此揭開序幕。國家法律的權威性取決於君主的意志，其他的法律來源，如共同法學或既有的習慣，也因君主的意思而有所適用。君主同時也立法，國家法律建制過程通常以該國語言為之，並建立在日後歐洲法實證主義的基礎之上。立法行為不臣屬於任何高於國家的世俗性或精神性權威，對內也不受國家內部的任何限制（如地方法或習慣法）。昔日從地方領主、市鎮議會到皇帝與教會都能創造法律，如今西方世界已將造法一事歸於一宗——即中央集權的民族國家。主權具有兩個面向，對外排除任何外來的法律，對內排除任何地方性或習慣性的法律。

應予理解的是，在這段革命變動期間，國家實證主義在歐洲大陸受到的重視遠較在英格蘭強烈且有意識得多。原因之一，自然是英格蘭的革命較為和緩、漸進與演化式的特

性。在英格蘭，許多封建制度在形式上被保留下來，但實質已有所改變；教堂外表的裝飾存留下來，但教會對於立法形式和內容的影響力已經消失殆盡。最重要的是，英格蘭原有的普通法傳統，長久以來有著相當不同於歐洲大陸共同法學的發展，並未因國家主義、民族主義、實證主義和主權的興起而受到排斥。相反地，英格蘭普通法是英格蘭崛起成為民族國家的一股推力，並被視為民族認同與其才智的證據，因而受到熱烈擁戴。在歐陸，革命運動似乎需要排斥舊有的法律秩序；但在英格蘭，革命運動似乎卻需要認同，甚至榮耀舊有的法律秩序。此種差異，明顯表現在大陸法與普通法世界對法典化（codification）的態度上。在歐陸，排斥共同法學被認為有其必要，因此自然會將新法律體制予以法典化；在英格蘭，保留普通法被認為有其必要，因而沒有法典化的需求。

在歐洲大陸，對舊秩序的排斥，依循著世俗性、實證主義之民族國家的世界觀進行著，最後結果便是，羅馬天主教會的自然法（就像其他由外部而來的法律與正義理論）與教會法（就如其他外部的規則體系與職司法律的機構），於內國再無法律效果。西方的國際法學以國家絕對主權為立論基礎，認為僅在國家允受拘束時，拘束方有效力，即使是公認的國際法原理原則在內國的適用，也以國家承認為前提。同樣地，國際組織創設的法律規定以及組織成員國間的各種

義務，也只有在國家承認的範圍內能夠拘束國家。一國的法律，只有在他國允許的前提下才能在該國產生效力。一國法院所做判決在他國是否有效力，取決於該他國法院的決定。準此，國家實證主義的外在面是一致而完整的：未經國家同意，任何外部事物均無法使法律對國家或在國家之內產生拘束力。

國家實證主義理論的內在面也同樣完整，只有國家才有權制定法律，國家內部沒有任何個人或團體能夠為之。個人可以透過契約拘束彼此，組織成員能夠訂定規則規範其內部關係，但這並不代表他們享有制定法律的權力。這些被認為是私人之間的協議，僅在國家承認與執行的範圍內具有法律效力。同理，學者撰書立說也不是法律，儘管其影響力遠高於普通法國家的學術影響力，此部分將於第九章說明。

因此，國家實證主義，一如國家對內對外絕對主權的原則主張，造成國家壟斷造法。革命時期強調嚴格的權力分立，要求只有經過特別指定的國家機關，才有權制定法律。根據此一原則，政府的立法權與司法權性質不同，為避免權力濫用，有必要嚴格區別二者。立法權，顧名思義是制定法律的權力，因此只有立法機關能夠制定法律。立法機關是政府唯一經由直接選舉產生的代議機關，本身就能反映民意。此一原則對大陸法法官的影響將於下章討論，在此須說明的僅是，普通法著名的依循判例（stare decisis）原則——此即

法院有權力與義務，以先前判決作為判斷基礎——明顯與大陸法國家主張的權力分立理念互不相容，因而遭受大陸法傳統排斥，其認為司法判決不是法律。

那麼，什麼是法律（law）？基於立法實證主義精神的基本答案是，只有立法權制定的成文法（statutes）才是法律。理論上，立法機關能夠制定任何法律，但實際上仍有各種限制；其中最重要的是羅馬法的各種概念、分類與原理原則，這些至今仍為大學課程教授的內容，並被尊為「成文的理性」。在革命運動之前，立法無法凌駕羅馬法，就如其無法違反幾何或數學定理一般。不過，隨著立法權強化，羅馬法的權威性日益下降，到了十九世紀，法律成了立法（legislation）的同義詞。儘管立法機關能將部分立法權委予行政機關，也可授權行政機關發布具有法律效力的法規命令（regulations），但是此種「委任立法」（delegated legislation）的效力，在理論上應以委任立法的規定範圍為限。立法權是至高無上的。

除了成文法（包含行政機關依據委任權限頒布的立法）與行政法規之外，大陸法傳統國家也普遍承認第三種法源，即習慣（custom）。當一個人依據被認定為代表法律的習慣處事時，只要不違反相關的成文法或法規命令，許多大陸法轄區都會認可此種行為合法。大陸法國家對於習慣作為法律的討論甚多，但與其重要性相較，卻遠不成比例。之所以有

那麼多討論，最主要原因（除了習慣在早期大陸法傳統中為重要法源之外）在於將非由國家立法權創造之物視為法律，需要正當理由。賦予習慣在法律上的效力，似乎違反了國家實證主義原則（只有國家才能制定法律）以及嚴格權力分立原則（國家之內只有立法機關能夠制定法律）。人們想出各種深奧理論來解消這一明顯出入。於此同時，習慣作為法源的重要性卻十分輕微而且日益消損。

綜上所述，大陸法傳統所公認的法源，僅包括成文法、法規命令與習慣。此一清單具有排他性，同時也是依照權威性大小降冪排列，規定如有牴觸或不一致，成文法優於法規命令，成文法與法規命令同時優於習慣。這或許看似技術性且重要性令人質疑，但事實上，這是我們理解大陸法傳統的基礎，因為法官在大陸法傳統的作用是去解釋和適用由該國專門制定的「法律」。國家實證主義與權力分立原則均要求法官在為判決時只能訴諸「法律」，認為法官無論面對什麼問題，都要能找到適用的法律——無論是成文法、法規命令，或其他可資適用的習慣。法官不能轉而求諸法律學者的著作，或是先前的司法判決。

此種對於何謂法律的教條式理解，一如革命時期的其他主張，已隨著時間和事件逐漸受到侵蝕。其中最顯著的創舉，當推強勢的立憲主義（constitutionalism）運動，強調成文憲法在適用上的嚴謹性（functional rigidity），及其因

此在法源上享有的最高性（superiority）。此種憲法藉由削減立法機關透過一般立法方式修憲的權限，破壞了立法機關對於法律制定的獨占地位。他們在法源的位階中加入了新的要素，成為現今「憲法、法律、法規命令、習慣」的次序。此外，如果法院能因成文法條牴觸憲法而裁決法條無效，則立法權與司法權嚴格分立原則即遭破壞。墨西哥及其他大部分拉丁美洲國家，一直都有司法對於立法行為合憲性之審查的機制（儘管並非總是被澈底實行），二次世界大戰以後，司法審查（judicial review），無論其型態如何，幾乎已遍及所有國家。

另一個複雜因素是大陸法國家在憲法之中納入創制權與人民複決權；此必然涉及將立法機關某一部分的法律制定權讓渡給人民，更加削弱立法機關作為唯一法源的地位。國際與超國際組織的成長，以及歐洲與拉丁美洲讓渡部分主權予此類組織的趨勢，更加弱化了傳統理論。在第六章關於法官的討論中，我們將說明此一法源理論是透過哪些不同方式被大陸法法官的作為所推翻。

諸此現代趨勢，已為學者所察覺，他們通常觀察到現代趨勢對法源理論正統性的影響，不過這些並沒有嚴重破壞一般人對何謂法律的想法。對於法國或阿根廷的一般法官、律師或法律系學生而言，法源的傳統理論代表的是真理。這是他們意識型態的一部分。

反觀普通法世界，較少受到特殊歷史因素及法國大革命理性主義學說影響，因而有著十分不同的態度。英格蘭的普通法，其主要的法源是由成文法、司法判決與習慣等雜亂地累積而成，有著深厚的歷史面向，而非出於一次有意識的改革，企圖在特定歷史時點制定或重申所得適用的法律。在此，並不存在有絕對的法源位階理論：立法，當然是法律的一種，不過司法判決等其他事物也是。形式上，它們的相對權威大小可能大致是依成文法、法規命令與司法判決的順序，但在實際操作上，此種公式化的表述往往會因不易落實而失其簡潔和重要性。普通法的法律人對此的態度，往往不若大陸法的法律人斤斤計較。此種使得法國在短短數年間改採度量衡制、十進位貨幣、成文法典以及嚴格法源理論的態度，至今對於普通法傳統而言仍十分陌生。

# 第五章
# 法典與法典化

　　常有人說──有時候法律人也不例外──大陸法體制為法典化的成文法體系，而普通法則未經法典化，且主要建立在司法判決的基礎之上。本章的目的在於指出，此種觀察在某種程度上的過度簡化與誤解，同時也在某種程度上點出兩大法律傳統之間的基本差異。

　　立法造法與司法造法的差異可能使人產生誤解。在美國，一般大小的州，其立法數量，很可能與一個典型歐洲或拉丁美洲國家相當。如同大陸法國家，美國的法律係經由立法機關所合法制定，法官應該依照立法精神來解釋與適用法律，立法的權威高於司法判決，成文法優先於與其持反對見解的司法判決（姑且不論憲法），反之則否。立法的數目與權威性大小，並非區分大陸法體制與普通法體制的合適標準。

　　法典的存在與否也非區別的標準。加州的法典數量較許多大陸法國家還多，但加州並不屬於大陸法轄區。法典的確存在於大多數的大陸法體制中，但體系性的立法也散見於諸

多法律領域，且在外觀上無異於歐洲與拉丁美洲國家的法典，也同樣存在於許多普通法國家之中。反之，一個大陸法體制不一定需要法典。匈牙利與希臘在制定民法法典之前已是大陸法國家，但匈牙利的民法典直到其成為社會主義國家前仍未被編纂，而希臘在二次大戰後方才制定第一部民法典。南非的法律體制是以羅馬—荷蘭法為基礎，至今仍未法典化，而查士丁尼之《學說匯纂》在南非的司法判決中仍時常被引用。因此，法典形式並非大陸法體制的區別特徵。

然而，如果不將法典視為一種形式，而是將其視為意識型態的展現；或者如果試著去理解此意識型態以及其何以能以法典形式展現，那麼我們將會瞭解法典在比較法上的意義。誠然，加州有許多所謂的法典，美國其他各州也是，而且美國大多數轄區也都採用統一商法典（Uniform Commercial Code）。儘管這些看似大陸法國家的法典，但其背後的意識型態——對於何謂法典的理解及其在法律運作過程應有的功能——並不相同。大陸法世界的法典編纂有其一套截然不同的意識型態。

回想查士丁尼在頒布《羅馬法大全》時，曾想廢止先前所有的法律。然而，先前法律秩序的某些元素被納入《羅馬法大全》，因而在查士丁尼頒布法典時被保存了下來。同樣地，法國在制定法典的過程，也曾廢止法典涵蓋範圍的所有舊法。舊法中任何被納入法典的原理原則，其有效與否並非

來自先前存在之故,而是因為它們被納入立法,重新制定為法典形式。查士丁尼與法國的法典編纂者試圖銷毀舊法的理由不同,但卻頗為相似。查士丁尼希望重建早期那種純粹的法律,而法國則是希望建立一個全新的法律秩序,二者的目標均十分理想主義(utopia)。我們且湊近觀察法國法典化的理想主義樣貌。

法國法典化的意識型態,儘管在程度上不若革命運動剛結束後期間激烈,卻實實在在反映了法國大革命的意識型態。例如,嘗試廢除所有舊法並進而將法律效力限縮於新立法的原因之一,是國家主義(statism)——榮耀民族國家。法律若源於國家成立之前,便是侵害了此種國家主義式的理念;法律源於國家之外的歐洲共同法學,亦同。當時的民族主義也是一個重要因素。法國許多革命前的法律係源於歐洲而非源於法國(即共同法學),因此有損日益高漲的法國民族主義精神。於此同時,許多原屬法國本地的成分(特別是北部地區的各種習慣),如今順理成章成為保存與榮耀的對象。這股國家中央集權化的力量,使得統一法國各地多元的法制及其規範成為重要工作。一部世俗自然法可適用在全法國人民的理想,亦指向相同目標。

當時盛行的理性主義對於法國法典化也有重大影響。只有極端的理性主義,才能解釋人們何以相信廢除法條就能消滅歷史。而認為舊有法律體制不合需要,可以留下其中合用

部分,創造全新法律體制取代舊有體制的假設,也隱含了相同的態度。此種假設認為,從世俗自然法學派思想家建立的基本前提出發,能夠推導出足以滿足新社會與新政府需求的法律體制。當時法律學者所受的訓練,無疑早於革命運動時期,而他們運用的法律概念、具體建置與程序也都來自舊法,因此參與草擬法國法典的人士,將許多舊法以及相關的法律知識融入法典內容,如此一來,先前的法律文化便有所延續。這緩和了法國大革命對法律的影響,但終究無法完全避免。拿破崙法典(Code Napoléon)——即1804年法國民法典——制定後數十年間,仍有大批法國法律學者執拗地堅持歷史與法典之解釋和適用無關,最鮮明的例子是當時一位法國法律人經常被引用的一句話:「我對民法一無所知;我只知道拿破崙法典。」

如同許多其他烏托邦的理想主義,革命運動的目標之一,就是讓法律人無用武之地。他們希望有個簡單、直白、非技術性的法律體制——可以擺脫一般咸認是法律人所造成的專業主義以及技術性與複雜化傾向。實現這點的一個方法,就是使用清楚直白的法律文字,讓一般民眾能看得懂,並且瞭解他們的權利義務,不需諮詢法律人或是上法院。因此,1804年法國民法典被期待成為通俗讀物,能夠放上家庭書架置於聖經一旁,甚或取代聖經。它將成為市民手冊,條理清楚、文字直白,民眾可以自行查閱,確認自己在法律

上的權利義務。

對於「法官統制」（gouvernement des juges）的畏懼，牽動法國在革命後的種種改革，並影響法典化的過程。強調澈底權力分立，將所有造法權力置於一個代議的立法機構，是杜絕司法機關造法的一個方法。革命前的法院亂象，使得法國人忌憚司法以解釋法律之名，行造法之實，因此，有些論者主張，法官甚至不該有解釋立法的權力（關於此一主張的發展及其後的緩和，詳見第七章）。只是於此同時，法官仍須處理面前的所有案件。當時世俗自然法的基本理念是，正義應屬於每一個人（Justice be available to all）。審判權的行使沒有司法選擇或裁量的餘地。

但要是只有立法機關能制定法律，司法機關只能適用法律（或是日後的解釋與適用法律），那麼立法就必須完整（complete）、一致（coherent）及明確（clear）。如果沒有可供作依據的立法條文，仍要法官做出判決，事實上他們就是在造法，從而違反權力分立原則，因此，立法機關有必要制定沒有漏洞的法典。同理，如果法典存在相互牴觸的條文，法官就得造法，以便從中選擇情況較為適用的法條，因此，法典不能有相互牴觸的條文。最後，如果允許法官可就模稜兩可的法條或模糊不清的陳述，決定意義為何，他們同樣也是造法，因此，法典必須十分明確。

倘若，堅持立法權與司法權的完全分立，意謂著法典

必須完整、一致且明確,那麼當時盛行的樂觀理性主義便是使其信奉者相信,制定一部具備上述特徵的體系化法典是可能的,法官的功能因此可被侷限在選擇可供適用的法條,並就個案脈絡賦予法條顯著的意義。事實上,拿破崙法典並非此種法典編纂最為極端的例子,此一「殊榮」應歸給1794年普魯士邦法(Prussian Landrecht)。此法在腓得烈大帝(Frederick the Great)時期制定,共計約一萬七千條鉅細靡遺的條文,詳密規範各種特定的「事實情況」(fact situations)。法國民法典是由許多富有經驗和才智的法學者所制定,他們十分清楚普魯士試圖規範一切顯然是失敗的。的確,如果閱讀法國民法典最有影響力的編纂者之一——包塔利斯(Jean-Etienne-Marie Portalis)的評註,我們會在字裡行間不時發現避免流於極端理性主義的警覺意識。包塔利斯告訴我們,法典建立在許多革命之前的法律及法學研究之上;同時他也表示,我們最好把法典的條文當成是原理原則或指導方針,有待法官與其他法學者的闡釋與適用。

不過,此種專業的務實態度,卻被革命運動的詞藻與氾濫的理性主義輕易而迅速地吞沒。這部法典成為革命意識型態的受害者,同被視為該意識型態一種有意識的展現,不僅在法國如此,在世界各地其他深受法國大革命影響的國家亦然。

相較於拿破崙法典在本質上的革命性、理性主義以及非

技術性特徵，1896年德國民法典（1990年生效）則是歷史取向、科學性與專業性。德國與法國民法典的差異，要歸功（或歸過）於大陸法傳統歷史中最著名的人物之一──薩維尼（Friedrich Karl von Savigny）。

　　法典化的理念，在十九世紀前半葉的德國、歐洲其他地區及拉丁美洲引發廣泛迴響。法國法典廣受推崇與仿效，在此時期，有人主張德國應以法國馬首是瞻。然而，受到康德、黑格爾和德國浪漫主義影響的薩維尼及其追隨者反對此舉，他們提出有力的論述，在德國影響深遠，支持者就是後來所謂的歷史學派（historical school）。此派學者認為，德國不該嘗試透過演繹世俗自然法的原則，來建構民法典。在他們看來，一個民族的法律，是該民族歷史發展決定下的有機產物，是民族精神（Volksgeist）的展現。因此，必須先對既存的德國法及其歷史發展進行澈底的研究，才能妥善地進行法典化工作。由於德國早在數百年前就已正式繼受中世紀義大利法學者所評釋的羅馬民法，因此，要對德國法進行澈底的歷史研究，不僅得涵蓋當代德國法律體制的各種要素，更勢必納入羅馬法與古日耳曼法的研究。在薩維尼與歷史學派的影響下，許多德國學者轉而致力法律史的研究。

　　薩維尼的理念是，透過澈底研究德國法律體制的歷史脈絡，法律學者將能從中汲取出一套經過歷史驗證的基本原則。而後，這些法律的特徵可被個別研究，與其他原則對比

研究，最後系統化地重述出來。結果，德國法律體制便是根據本身固有的原理原則和特徵完成重新建構，從而為德國法典化提供了必要的基礎。

一些薩維尼的後繼者從歷史脈絡觀察，認為德國法律體制的構成要素有點像是原始資料（natural data）。就如生物學、化學與物理學的原始資料都是原理原則的具體表現，深入研究可以找出它們背後更為普遍的原理原則，德國法的原始資料亦為德國法秩序的具體展現，也可透過研究從中辨識並抽取德國法律秩序中固有的原理原則。因此，他們主張的德國法秩序重建，是一種科學式的重建（此概念將在第十章詳述）。最後，德國人相信，不應該也不可能消滅法律人。顯然他們反對法律文字應該明確簡單、使一般讀者能夠正確理解與適用的主張。德國人的觀點是，法律人是必要的，他們應該從事法律的解釋與適用，他們建構出來的法典要能符合經過法律專業訓練之人的需求。

因此，1896年德國民法典是站在革命運動對立面的。它並不試圖廢除舊法並代之以新的法律體制；相反地，其理念是要將詳盡研究德國法制史得出的法律原理原則，編纂為法典。不像法國受到世俗自然法影響，嘗試從對於人類本質的假設中發掘真正的法律原則，德國人找尋德國法基本原理的方式，是以科學方法研究德國法的原始資料：即歷史脈絡下的德國現有法律體制。德國民法典並非公民教科書，而是

主要提供法律專業人士使用的一種工具。

但此是否意謂德國民法典與法國民法典全然相異？答案是否定的。二者存在重要的差異，但也有諸多十分相似之處。德國人也和法國人一樣，將嚴格權力分立的理念納入政府與法律體制中。制定法律是立法者的工作，禁止法官越俎代庖。儘管德國人更加清楚認識到制定一部完整、一致且明確的法典不易，但他們卻仍嘗試為之，主要理由正與法國人相同。此外，德國法典另有統合作用（unifying function），為甫才統一的德國提供一套完整的法律體系，因此有助一個龐大民族國家的興起，此點如同法國法典。

加州民法典或是美國境內轄區採用的統一商法典，則有著一套完全不同的理念與基本前提。即使這些法典外觀可能看似法國或德國法典，但它們並非基於相同的意識型態，也未展現相同的文化內涵（cultural reality）。這些法典的存在，並不表示法典條文完整，法官判決案件不一定得從法典尋求根據。此外，這些法典通常並不排斥過去歷史；它們無意廢除在其領域內的所有舊法，反而比較像是去完善舊法，除非意旨牴觸，否則還有補充舊法的作用。當法典條文或其他成文法可能牴觸普通法某個根深蒂固的規則時，一般傾向朝著避免牴觸的方向解釋法典條文。一句常被引用的法律名句即謂：「與普通法相牴觸的成文法，應予嚴格解釋」（Statutes in derogation of the common law are strictly

construed）。

　　因此，普通法傳統的種種保守傾向，明顯與源於革命意識型態的大陸法法典化精神對立。正是此意識型態，而非法典形式本身，將大陸法國家結合為一共同的法律傳統。就像在歐洲跟著《羅馬法大全》一同被繼受下來的註釋學派與評述學派著作一樣，十八、十九世紀歐洲倡議人士與學者的理念，也隨著歐洲法典形式，被拉丁美洲、亞洲與非洲大陸法國家所採納。此部著作及其體現的意識型態，是理解大陸法傳統的重要關鍵，讀者將可從以下各章有所體會。首先，我們先從大陸法的法官形象開始。

# 第六章
# 法官

　　我們身處普通法世界中，知道法官是何等人物，他們是文化的英雄，甚至具有家父長的形象。普通法中許多偉大的人物都是法官：如科克、曼斯菲爾、馬歇爾、史托利、霍姆斯、布蘭戴斯、卡多佐等等。我們知道我們的法律傳統從最初的創建到其後的成長與發展，均出自於法官之手，他們嚴謹分析一個又一個案件，建構出一套法律體系，然後透過依循判例原則，約束後續法官對相似案件做出一致的判決。我們知道現行實施許多立法，我們也曉得立法機關的存在，但對我們而言，普通法是指法官創造並形塑而成的法律，而且我們仍舊認為立法僅具有補充性的作用（但往往不正確）。在普通法世界中，我們對於司法審查行政行為習以為常，而在美國，法官有權以違憲為由宣告立法無效，社會對此普遍接受，並無太大問題。我們知道我們的法官擁有十分廣泛的法律解釋權，即便適用的法條或行政行為於法有效，也是如此。我們不便使用諸如「司法優位」（judicial supremacy）等聳動語詞稱之，但我們不得不承認它十分貼切地描述了此

一普通法的體制,特別是在美國。

我們也知道我們的法官如何養成。我們知道他們就讀於法學院,畢業後任職私人企業或政府部門(通常擔任地區檢察官)有所成就,因而基於各種原因——包括傑出工作表現、同儕名聲以及政治影響力——被任命或選舉為法官。經由任命或選舉成為法官,是在人生較晚階段才會有的成就,猶如錦上添花,這是一種可以帶來尊敬與聲望的肯定。法官待遇優渥,如果位居高階,還有秘書與研究助理,若為一州最高法院或聯邦司法高層,他們的名字可能會家喻戶曉,他們的意見將在報章中被討論,並在法學期刊中被分析批判。他們會是十分重要的人物。

此為普通法法律人所謂的法官。但在大陸法世界中,法官的形象截然不同,他們是人民公僕,是公務員,儘管各國之間有些重大差異,但基本模式大致如下。法官職業是大學法學院畢業生的就業選項之一,若想從事法官職業,畢業後不久就得參加國家司法考試,通過考試才會被任命成為新進法官(在法國等國家,還須先進入法官專門學校)。不久之後,他們會被分發至基層法院實際擔任法官,並隨著時間在司法體系內逐步升遷,升遷速度取決於個人能力與資歷。他們依據一套預定的標準領取薪水,並且隸屬於一法官組織,其旨在改善司法人員的薪水、工作條件與任期。

平行進入司法體系的情況十分罕見。儘管有些大陸法轄

區訂有相關辦法，可以任命表現出色的執業律師或教授進入高等法院（特別是二次戰後建立的特別憲法法院），但一般而言，司法體系的職位，即便上至最高層級，絕大多數均由專業司法體系中各層級的司法人員所擔任。高階法院的法官受到而且也應受到社會的尊敬，但此種禮遇，公務體系其他領域位高權重的人士也能享有。

大陸法法官在地位上有此差異的一個主要原因，在於大陸法始於羅馬時期的獨特司法傳統。當時羅馬的法官（judex）並非法律權威人士；在帝國時期之前，他們其實只是負有仲裁職責的一般平民，專門依照裁判官（praetor）提供的常規準則（formulae）調解爭議。法官不是法律專家，權力也相當有限，若需法律意見，這些法官會去求助當時的法學家（jurisconsult）。到了帝國時期，裁判爭議的事務逐漸落入同樣具有法學知識的政府官員之手，不過當時這些人主要的功用顯為實踐皇帝的意旨。法官並無固有的造法權力，中世紀與革命運動前的時期，他們權力較不受限制，歐陸法官的職務內容往往與他們的英格蘭同僚相仿，而這其實造成了麻煩：他們以創新方式解釋法律，建構出一套抗衡巴黎中央政府法律的普通法體系，甚至發展出他們自己的依循判例原則。

革命運動及其信奉的嚴格權力分立原則，使得司法的功能大受限制。革命運動主張只有代議的立法機關才能制定法

律，意即法官不得透過直接或間接方式造法。此種態度的具體展現是要求法官只能依據「法律」判決，意即我們在第四章所說的，法官不得根據先前的判例逕行判決。依循判例原則在此遭到否定。要求立法與司法嚴格分立的極致表現，就是法官面對不完整、相牴觸、不明確的立法時，不應予以解釋，而應將問題交由立法機關作出權威解釋。此種情況理應不常見，而且經過一段很短時間之後，所有問題應該都能解決，不再需要訴諸立法機關提供解釋（這段法官地位撤守的歷史將在下章說明）。

司法程序（judicial process）給人一種例行公事的形象；法官成了一種專業職員。只要有案件事實發生，在大多數情況下，立法機關就會有一個對應的立法，所以法官的作用僅僅是找到正確的立法條文，將其適用於案例事實，然後期待二者的結合可以大致解決問題。整個司法判決程序的設計符合三段論形式（Syllogism）的論證邏輯，大前提是成文法，案件事實作為小前提，結論自然導出。如有特殊情況需要法官進行更為複雜論證，他們也應謹守既定的法律解釋界限。

結果，法官給人一種機器操作員的形象，操作著立法者設計建造的機器。法官的作用十分機械化。在過去，大陸法系的偉大人物無一出身法官（有誰知道大陸法法官的姓名？），出名的反倒是立法者（如查士丁尼、拿破崙、安德

列斯‧貝洛）和學者（如蓋尤斯、伊納留斯、巴托魯斯、曼奇尼、多瑪、波蒂埃、薩維尼，以及一票十八、十九世紀的歐洲及拉丁美洲學者）。大陸法法官的形象並非英雄或家父長人物，而是人民的公僕，執行著重要卻十分呆板的職務。

　　結果自然（若非必然）是，大陸法傳統下的法官有著截然不同的地位，他們並非知名人物，甚至連律師都不見得聽過他們。人們不會去研讀他們的法律意見，以求了解他們的個人思考模式，以及他們的明顯成見或偏見。儘管容有例外，但大陸法轄區傾向使較高審級的判決帶有強烈的合議（collegial）色彩。這些判決代表法院的決定，不詳述個別法官的不同意見。大多數國家會在判決書列出協同意見，不同意見則不予寫出或公布，也不公布反對票數。此種傾向是將法院視為一個千部一腔的單位（不過近年已有所轉變，詳後述）。

　　結果就是，兩大法系的法官雖然功能看似相近，但實際上他們扮演角色卻有顯著差異。部分原因在於，當代大陸法法官繼承了羅馬時代法官的地位以及自此傳統沿襲下來的一套職能。在此傳統下，法官從來不是一個創造性角色，而歐洲革命運動的反司法意識型態，以及由此自然產生的理性主義嚴格權力分立原則，又使此一傳統再獲強化。因此，大陸法法官扮演的角色遠較普通法傳統下的法官來得低調，大陸法法官的選任與任期制度也反映了此一法官職業的地位差

異。

剛性憲法（rigid constitutions）的制度設計以及部分大陸法轄區設立檢驗立法合憲性的司法審查機制，在某種程度上改變了大陸法法官的形象。有些司法轄區（例如奧地利、義大利、德國、哥倫比亞、瓜地馬拉與西班牙）設置了特別的憲法法院。這些特別法院不隸屬於普通法院系統，也非由普通法院法官負責運作，其設立是為回應法官（亦即現今承襲羅馬時代法官及共同法時代的民事法官而來的普通法院法官）無法擁有司法審查權的大陸法傳統。透過設置特別法院，選用特別法官，此一大陸法傳統至少在形式上獲得保留。確實曾有一些純粹主義者認為，憲法法院不應稱為「法院」，當中成員也不應稱為「法官」，因為法官不能造法；再者，宣告法律條文違法的權力就是一種造法形式，所以這些官職顯然不能稱為法官，這些機關也不能稱為法院。但即使是普通法院系統最高層級掌握司法審查權限的地區，例如部分拉丁美洲國家，大陸法傳統形象的法官依舊掌有主要權力。司法服務為公務的一環；法官是公務員、人民公僕；司法的功能狹隘、機械化、不具創造性。

儘管如此，傳統形象的大陸法法官顯然已逐漸消失，目前傾向擴大司法的範疇與權限。在有些大陸法轄區中，普通法院第一審法官如果認為法律有違憲之虞，有權拒絕適用該法律，但有些大陸法轄區則是規定法官必須將此移交至憲法

法庭（constitutional tribunal）審理。國家行政機關、立法機關與法官的行為受超越國家層級的新設法院組織審查，例如歐盟法院（Court of Justice of the European Community）、歐洲人權法院（European Court of Human Rights）及美洲人權法院（Inter-American Court of Human Rights）。某些國家的憲法法院，例如德國、西班牙或哥倫比亞的憲法法院，以及哥斯大黎加的憲法法庭（Constitutional Chamber），其權限與威望幾乎等同於美國的最高法院。在西班牙、義大利、哥倫比亞，學者和媒體均言及擁護司法主導的地位（judicial protagonism）。本書最後幾章將對此一趨勢予以分析。

# 第七章

# 法律解釋

本書前幾章曾提到，權力分立原則一旦推到極致，結果就是法院不應擁有解釋權限，而應將解釋法律的問題交由立法機關自行解決，之後立法機關再提供一個權威解釋讓法官遵循。如此一來，法律的闕漏將得以補正，法院也無從進行造法，國家便能免於司法專政的威脅。對於大陸法基本教義派人士而言，立法者的權威解釋是唯一被認可的法律解釋。

當代歷史接近此一理想的作法，是十八世紀末腓得烈大帝嘗試使普魯士法律做到「隔絕法官」（judge-proof）的程度。在腓得烈大帝的指示下，普魯士頒布了一部條文超過17,000條的法典（拿破崙法典僅2,281條）。普魯士法典企圖針對具體特定事實提供一具體特定的解決方法；最終目的在建立一套完整的解決方法索引，使法官足堪面對任何可能出現的問題。與此同時，法官也被禁止解釋法條，若有疑義，應將問題移交專設的法規委員會（Statutes Commission），萬一法官被發現私自解釋法條，將使大帝極度不悅，因而受到嚴懲。不過，根據德國法律史學家的研

究，法規委員會的運作從未達到腓得烈大帝的期望；而該部法典雖然鉅細靡遺，卻仍無法明確解答所有問題；法官的日常工作勢必得要解釋法條。是以，腓得烈大帝的法典、法規委員會及其對法律解釋的禁止，最後均以失敗告終。

法國撤銷發回制（cassation）的發展，是順理成章也是必然而至的下一步。對於革命時期法國的法律實務人士而言，完全仰賴權威解釋是顯有缺陷而且不便的作法，他們知道立法機關將會湧入許多困難且瑣碎的解釋請求，回應這些請求是一件煩人的工作。但立法機關也面臨一個理論上的難題：它一方面希望不必處理不斷來自法院的種種疑問，但另一方面基於權力分立原則又不能允許法院自行解釋。

在此情況下，我們完全可以理解法國為何選擇以撤銷發回制作為解決方法。立法機關創設一個新的政府單位，並使其有權撤銷法院所作的錯誤解釋。在立法辯論過程以及最終頒布的法律中均明確指出，此一新設單位，並非司法系統的一部，而是由立法機關創造的特別機制，以利確保立法的優位，免於司法篡奪。儘管此單位看似法院，但立法機關刻意稱其為撤銷法庭（Tribunal of Cassation），而非撤銷法院（Court of Cassation），並將其形容為立法機關的延伸（aupres du corps legislatif）。如此一來，權力分立的要求得以實現，立法優位亦得確立。普通法院的法官依舊無權解釋法律，而立法機關也無須負擔這份工作。

　　值得注意的是，撤銷法庭本身並非專為案件所涉法條提供權威解釋而設，相反地，它最初的作用與其獨立、非司法的本質一致，僅僅只是撤銷依據錯誤法律解釋作出的司法判決，之後這些案件將回到司法機關重新審理和判決；畢竟，這是一種司法機制。美國上訴法院（appellate court）的一般作法不僅撤銷下級法院對法律問題的錯誤判決，同時也會指出該法律問題的合適解答，甚至將之適用於案件，做出新的判決，但法國撤銷法院則非如此，其最初創設目的僅限於上述的第一個步驟，只不過後來歷經緩慢卻明顯無法避免的演進之後，法庭除了第一個步驟之外，也開始實行第二個步驟，不僅指出司法判決錯誤，同時也會說明正確的法律解釋為何。在此同時，法庭原本的非司法性格消逝，開始被稱為撤銷法院，終而具備司法性格，位居普通法院系統的頂端。在法國以及義大利與其他追隨法國模式的國家，此機構的全名可能是最高撤銷法院（Supreme Court of Cassation）。於是，審判系統中由法官組成，主要職責在於確認下級法院法律解釋與適用正確一致的最高民事與刑事法院，就這樣直接隸屬於一個具立法性格，原為防止法律解釋權落入法官之手而設的法庭。

　　此類機構演進的最後一個步驟具體呈現在德國的「撤銷改判制（revision）」，至此有別於法國的撤銷發回制。法國的制度止於第二個步驟：最高撤銷法院可以撤銷基於錯誤

的法律解釋作成的判決，並可指導下級法院正確的法律解釋，但是系爭案件仍須發回（remand）下級法院審判。此舉往往僅是形式，造成時間上不必要的浪費；且時而因為下級法院法官無法或不願瞭解和遵守最高撤銷法院的判決，而導致更嚴重的問題。理論上，下級法院法官也無義務——甚至沒有權限——遵守上級法院的判決。我們知道法官必須依據法律作成判決，而最高撤銷法院的見解並非法源（至今仍是如此），因此撤銷法院的判決頂多只是論理或來源地位較具說服力而已，收到發回案件的法官若不認同撤銷法院的法律解釋，他（她）們仍會維持原判。自從撤銷法院設立以來，撤銷發回制的發展歷程多半充斥著這些問題以及解決這些問題的各種方法。德國在俾斯麥（Bismarck）掌權下統一時，法國撤銷發回制的缺陷已十分明顯，而當時歐陸的法律思想也已坦然承認，法官在其日常工作中確實必須解釋法律。由於沒有必要使事情更加複雜，德國人作出此一合理的決定：他們創設了一個最高地位的法院，使其有權審查下級法院判決的法律正確性、撤銷錯誤的判決、指出正確的答案、據以「修正」（revise）錯誤的判決。

從強制交由立法機關作成解釋，到交由立法性的法庭作成解釋，馴至設置法院專門審查與修正下級法院的解釋，此一論理上的演進必然伴隨著對於普通法院解釋權限的逐步承認。不只如此，伴隨此一演進出現的還有大量的討論與著

60

作，其中有些旨在正當化法院的法律解釋權，有些則在界定此一權力如何行使。因此，大陸法國家在法律解釋方面的大量研究（猶如美國在司法程序方面的大量文獻），部分是在表達對於法院解釋法律的不安，部分則是憂慮法官濫用解釋權；僅有小部分專注探討實際解釋過程。許多論者嘗試證明司法解釋其實並不牴觸立法優位及權力分立原則。嘗試界定解釋界限者則是關心法的確定性（certainty）以及防止司法的獨裁與怠職，只有少數論者嘗試協助法官因應解釋過程可能面臨的具體問題。

如前所見，革命意識型態認為一個體系性的立法應該明確、完整、一致，能夠將法官的作用限縮至單純適用法律（亦即成文法條）於事實上。此種觀點過分簡化司法程序，但卻在大眾與某些法律人心中留下強烈印象，正與普通法世界中一般對於法官工作過分簡單的想法如出一轍。我們之中許多人，甚至是有些法律人，堅信法院受到先前判決的拘束，認為尋找與適用判決先例（precedent）的過程十分機械化。無論是普通法或大陸法傳統，均有一套關於現行司法程序的成規思維（folklore）。

事實上，思慮周密的大陸法學者不太可能非常信任如此法律程序。在革命運動時期，佯裝贊同革命意識型態或許情有可原，但要說許多學者真心信服於此，則不免啟人疑竇。顯而易見地，事實與意識型態截然不同。首先，法律能夠明

確到不待解釋即知如何適用的幻想，早已不禁事實的檢驗而消散。自革命運動開始，大陸法系的法院就受理和裁判需要解釋立法條文才能解決的爭議。此類訴訟的當事人經常提起上訴，而下級法院的判決也不時遭到推翻（reversal）。一般民法典的條文幾乎都需要法律解釋，才能使當事人、訴訟代理人（counsels）甚或法官自己明瞭立法真義。

同樣地，革命運動相信法典能夠完整一致，但即使只是粗略掃視判例彙編（jurisprudence，大陸法對「司法判決」一詞的稱法），便知此信條仍難禁得起考驗；此類彙編處處可見法院必須填補立法設計漏洞，才能調和牴觸法條的判決。儘管法條的文字沒有變動，但其意義與適用卻常為了回應社會壓力或現行立法尚未觸及的新問題而有所變動。一旦雙方當事人的權利時常必須透過訴訟來加以確定時，法律確定性的理想就會變得難以企及。實際上，法官解釋與適用法律的必要性，並未因為立法清楚、完整、一致且可得預見而有所改變。如同普通法的法官，他們仍須歷經一段重要、複雜且又困難的過程。他們所適用的法律，無論在抽象層次上如何清楚明白，放在個案事實的脈絡之中，往往未臻明確他們必須填補與解決立法設計的漏洞與衝突，他們必須因時制宜地適用法律。法典的適用並非不證自明，對於思慮周延的法官而言尤為如此。

儘管事實如此，關於司法解釋的成規思維仍然出乎意料

地持續存在於大陸法世界。結果，事實與此一成規思維之間產生緊張關係，而嘗試化解這股緊張關係的著述則大量成長，但到目前為止，此類著述多半致力於透過解釋事實來維護成規思維，常見以下三種討論：(1)所謂的嚴格解釋——亦即規範法條不清；(2)所謂的法律漏洞——亦即規範的法條不存在；(3)所謂的解釋與時俱進——亦即法律的意義已有所轉變，但法條的文字依舊。

上述三項會成為問題，源於要求法官必須做出判決。法官不得因為法律規定不清楚而駁回起訴。因此，一旦立法者指示不夠清楚，嚴格解釋的問題就成了法官證明判決合理與否的問題，如此不僅使法官變成立法者，也使當事人曝於司法無責與專斷的風險之中。若是法律漏洞問題，情況更糟，因為立法機關沒有制定任何規範，此時法官明顯是在為個案從事立法工作，危險亦更為顯著。再者，透過司法解釋，法條的意旨將與當初立法者意旨相異，法官明顯取代了立法者的角色。

對於解釋所產生的問題，大陸法的正統回應見諸1942年義大利民法典有關解釋的規定：

解釋法律，應依據文字間的關聯以及立法意旨，來探求文字的真義。

如爭議無法以特定法條解決，應參酌規範相似案件或類似事物之法條；若依舊無法確定，則以國家法秩序之原理原

則決斷。

　　此條文（經過義大利法院大量解釋，產生許多關於法律解釋的解釋）的第一段是立法者針對嚴格解釋問題所給予法院的指示。法條應根據其字面意義（plain meaning）適用，如有不清楚之處，法官應斟酌立法意旨。明顯地，這段對於法官的指示不是說得太多就是說得太少。如果法條的意義明確，就不會有問題，如果意義不明確，那麼「文字的真義」便是妄想。文字本身不具意義；意義是使用者賦予的，而法官面臨的問題是，如何在立法者文字表達意義不明確時，補充說明其意義。訴諸立法意旨有時可能有用，但立法意旨的形成與展現都是在代議立法機關這樣複雜的論壇中進行，重新建構此一歷史過程實為極度冒險之舉，而且許多時候，立法史料往往顯露立法機關當初未能預見法官現時面臨的問題，因此立法意旨根本與此無涉。的確，學者普遍同意應該尋找的不是當初的立法意旨，而是「規範（亦即法條）本身的意旨、精神、客觀內容」。諸如上列義大利法條第一段的告誡，以及其他大陸法國家對法官的相似告誡，無法協助法官解決法條文義不清的問題，它們只是建立符合司法解釋正統觀點的概念集合（conceptual sets），然後告訴法官他們必須以此言明判決結果。法官未被告知如何判決；他們只是被告知如何陳述他們判決的結果。

　　條文第二段是針對法律漏洞問題給予法官的指示。如果

沒有確切的成文法規範，法官將必須從其他成文法規範以類推（analogy）方式論斷，如果還是不行，法官就只能求諸於所謂的「國家法秩序的一般原理原則」，這是多年意識型態爭論之下產生的條款，奧地利1811年民法典中也有類似規定，稱「自然法原則」（the principles of natural law）。該條文代表了國家實證主義取得最終勝利前的普遍觀點，亦即在任何形式政府的實證法（positive law）之外，還有所謂的自然法（natural law），源於人類的本質以及對社會秩序的基本要求。在當時，主要的爭論發生在不同的自然法學派之間，特別是世俗學派與羅馬天主教學派之間。其後在十九世紀，「自然」（natural）一字已不再具有一般性意義，很明顯，這是遠離自然法而朝向難以動搖的國家實證主義邁進一步，但卻仍不足以平息這場論戰。上引義大利法條提出的構想平息了義大利的所有質疑。其他大陸法轄區的趨勢也是避免參照與依據自然法。至於指示解決法律漏洞問題的實益，有待第十章法律科學的討論，該章將顯示此類對於法官的指示，主要效用是在調和司法解釋的成規思維與主導大陸法世界的法學思想。

　　法律解釋中，在不違反立法優位與權力分立原則的前提下，最難解決的是解釋與時俱進的問題。此種現象十分常見：舊條文如果用傳統方式加以適用，法官面前的案件將可能產生不合時宜的結果。這並非先前的解釋錯誤；通常解釋

都是業經最高撤銷法院（或同等地位的機構）判決加以確認。但時局世易，當下的個案可能需要一個不同的解釋。法官的難題是，如果他們依照舊有解釋裁斷，結果將有悖他們自己、當事人乃至於社會的期待；但若他們重新解釋法條，使結果令他們自己、當事人（至少其中一方）與社會感到滿意，則他們將淪於司法造法。當然，他們可以尊重立法機關，拒絕解釋法條，然後籲請立法機關修法符合時代需求，但如此一來，不但無法滿足系爭個案的當事人，而且還對立法機關提出無法達成的要求。因此，大陸法國家普遍認同法官有權進行與時俱進的解釋。是以討論焦點由此一職權的正當性，轉為如何使其正當化及其適當界限的問題。不難預料的是，傳統對此解釋問題的研究重點，主要在證明法官與時俱進解釋法條，並非造法。

如前所述，大陸法世界討論司法解釋的著述大多是在證明司法解釋的成規思維仍然有效，而此種觀點仍被許多教授教導給法學院學生，一直到相當近期，才有各種反駁此一思維的說法出現，諸如利益法學（jurisprudence of interests）、社會法學（sociological jurisprudence）與法律唯實論（legal realism）等學派，各有支持者。在瑞士，民法典指示法官，當所有解釋方法均已罔效，他們應從立法者觀點來適用法律。透過這些以及許多其他方法，司法解釋的成規思維漸失論據。儘管如此，信者仍多，不信者也難以忽

視它，他們必須予以反駁。此種思維模式已成大陸法傳統特有的一個部分。

前文說過，司法判決並非法源，法院判決若能拘束下級法院，勢必違反司法造法禁止原則。因此，正統觀點認為大陸法轄區法院不受任何其他法院判決的拘束。至少在理論上，即便最高審級法院已針對特定問題明確表示見解，同一轄區的最低審級法院仍可做出不同判決。

此為理論，但事實並非如此。雖然沒有正式的依循判例原則，實務上仍希望法官受先前判決影響。大多數大陸法轄區均會定期出版司法判決，準備案件的律師會尋找適當案例作為論據，法官判決往往也會參考先前案件。無論革命運動的意識型態如何評價判決先例，事實是大陸法轄區的法院對於收入判例彙編的判決，態度並未明顯不同於美國法院。法官引用判決先例，可能因為前審法院的威信，或為判決理由折服、怠於自行判斷、不願承擔判決被推翻或上訴的風險等其他各種原因。這些正是在普通法傳統使用判例的主要原因，缺乏正式的依循判例規定相對而言並不重要。有人認為大陸法與普通法差別在於，前者不用司法判例，後者判例具有拘束效力，這種說法對雙方而言都是過度誇大。眾人皆知大陸法法院使用判例；也都知道普通法法院會挑出他們不願遵循的案例，有時甚至推翻自己的判決。

儘管這些事實十分明顯並廣為人知，該成規思維依舊存

在。除此之外，深思熟慮的大陸法法律人經常無視他們自己的法院廣泛使用判例的事實，正如同樣深思熟慮的普通法法律人經常過度簡化和誤解普通法法院對判例的運用。大陸法與普通法司法程序的主要差異，不在法院實際做了什麼，而是成規思維模式之下法院做了什麼。在正統的大陸法傳統下，法官操作著由學者與立法者設計建造的機器，扮演較為次要、平凡的角色。接下來，我們就來檢視這種法官的形象，如何反映大陸法特別重視法律確定性，以及拒絕普通法法官固有的衡平權力。

# 第八章

# 確定與衡平

　　大陸法傳統的文獻十分強調法律的確定性（certainty）。毋庸置疑，確定性是所有法律體制追求的目標，但在大陸法傳統中，它已成為一種至高無上的價值、一項不容質疑的教條、一個基本目標。儘管多數大陸法的法律人承認許多相衝突的價值可能需要犧牲確定性才得保存，但此事通常並不如此討論。在大陸法的世界中，對法確定性的破壞一向是反對修法的有力論據。例如，義大利在墨索里尼執政時，法西斯主義者曾經數度嘗試將法律變為集權主義國家工具，但被法學者以法確定性的名義成功拒斥。在法西斯主義垮台，共和國建立之後，義大利許多令人期待的法律體制改革，同樣也被其他法學者以法確定性為由予以抵制。這是一個抽象的法律價值，就像西洋棋裡的皇后，可以朝任何方向移動。

　　儘管此確定性的理想已見用多處，但其最重要的應用就是反映對法官不信任。基於確定性要求，法官被禁止造法；基於確定性要求，立法應明確、完整、一致；同樣基於確定性要求，法律的解釋與適用過程應盡可能自動化。由此看

69

來，對於確定性的強調，實為期待法律可以隔絕法官影響的一種表現。

　　法確定性同樣也是普通法傳統公認的追求目標，但有三點主要差異。第一，普通法傳統討論確定性通常偏重功能面向，未被提升至教條的層次，其意是指人們應該盡可能了解自身權利義務的性質，並有能力確知法律效果，然後據此規劃他們的行動。不過，同樣廣為周知的是，確定性有其適用侷限；第二，普通法是藉由賦予司法判決法律效力來實現確定性，這在大陸法中理論上是被禁止的。司法轄區的司法判決隨著時間累積，提供各式各樣具體而詳盡的法律操作案例。這些判決加上法規本身的立法理由，比起只有法規的立法理由，提供更多的確定性。因此，對於確定性的追求，在普通法傳統中是作為支持依循判例原則的論述，但在大陸法傳統中卻是反對該論述的主張。最後，在普通法傳統中（特別是在美國），確定性一般多被認為是眾多法律價值的其中一個，這些法律價值有時還會相互牴觸。確定性經常意味著僵固性（rigidity）；一部具確定性的法律可能不易因應環境變遷而為變更，或配合特定案件而做調整。在普通法中，確定性與便宜性（flexibility）被認為是相互衝突的價值，往往相互限制。在大陸法世界中，確定性是至高無上的價值，對便宜性的要求則被認為是一系列的「疑難雜症」，妨礙實現法律阻絕法官的理想。因此，前章關於法官從事法律

解釋的疑慮，經常被解釋為：如果不對法官如此謹慎管控，法律將會變得較不確定。

對於衡平法（equity）也是普遍存在此種態度。一般而言，衡平法是指法官有權緩和嚴格適用成文法所致過度嚴苛效果，或是衡酌個案事實分配財產與責任。換句話說，衡平法是賦予法院有限權力，得以適用公平原則解決審理案件的爭議。一般認為，適用範圍較廣的規定（broad rules），例如各種成文法規，規範效力往往過於嚴苛或不適當，而且有些問題過於複雜，立法者很難顧及所有可能事實的結果。一旦出現這些問題，最好是讓審理法官依據衡平原則做出判決。因此，衡平原則是個案的正義。此項原則顯然寓有賦予法官裁量權力。

然而在大陸法傳統下，賦予法官裁量的權限將威脅到法確定性。從法理論角度觀之，運用衡平法理並非法官固有的權力。他們可能時而在個案中被賦予運用衡平法理的權限，但此授權須由立法機關透過法律予以明確具體的規範。儘管過去討論甚多，且至今仍為大陸法學者的爭論焦點之一，但主流的觀點仍然是，鑑於法確定性考量，法官運用衡平法理必須受到嚴格限制。

如此看來，大陸法是犧牲便宜性來成就確定性。相反地，普通法則是傾向儘量在兩者之間取得平衡。兩大法律傳統對於司法裁量權的態度差異，部分原因已於前二章說明

過。不過除此之外還有一個原因,此即存在英格蘭數世紀之久的獨立衡平法院(chancery courts)系統以及一套稱為衡平法的獨立法律原則體系。

諾曼人在哈斯汀戰役征服英格蘭之後,隨即展開政府中央集權化工作,其中包含司法事務。他們建立王室法院與一套王室審判系統,逐漸取代舊有的封建法院與法規。在英格蘭審判系統中央集權化的過程之中,王室法院的法官發展出新的訴訟程序與救濟方式,以及一套新的實體法,這部法律理論上普遍適用於所有英格蘭人,是以被稱為普通法。起初此一普通法富有活力與創造力,發展至最終,卻變成一套僵固、侷限,適用規則缺乏彈性且具高度技術性的程序與救濟。普通法變得深受程式與規則拘束。所幸,人民若是不滿王室法院提供的救濟,或想申訴判決不公,隨時可向國王請願。當時國王有權基於人民請願,改變其審判系統的運作(相當於現今行政部門首長的赦免權與刑罰酌減權)。

國王有時可能可以親自審查和審理這些請願,但此工作不久便委由稱為大法官(chancellor)的王室官員負責。此官員(常被稱為「國王的良心」)被賦予依據公平原則改變法律操作結果的權力,結果當然出現許多申訴,指控或妄稱官員濫用裁量權力,以及被批評因此招致的法不確定性;坊間一度盛傳司法效力取決於大法官腳步長短的說法。不過隨著請願聆訊與審理程序更加地制度化與程式化,以及業務量

大到需要助理輔佐大法官裁決，此法律效果救濟裁量權變得日益司法化（judicialized），發展出各種程式規定、程序性規則和實體規定，用以規範向大法官提出請願及大法官審理案件的方式。漸漸，大法官演變成為衡平法院，相關程序適用的法規也變成一獨立的法律體系，稱為衡平法，以茲表彰衡平法院的歷史起源。

因此幾個世紀以來，英格蘭存在兩套各自獨立的審判系統：一邊是普通法院和普通法，而另一邊是衡平法院與衡平法。在兩個法院各自獨立存在期間，衡平法院所管轄者，一般而言僅限於緩合普通法運作過於嚴苛的結果，並在普通法救濟途徑未臻妥適之時提供救濟而已。到了最後，普通法與衡平法分立的法院系統廢除，管轄權與各種原理原則合而為一。因此，現存的普通法傳統涵蓋原有的普通法以及具有和緩效果的衡平法。

一位比較法學者曾評論道，如果英格蘭從來不曾出現衡平法院的話，普通法看起來就會像是今日的大陸法。這種說法有其歷史根據，因為大陸法傳統從羅馬時期以來，從未有過類似衡平法院這樣具有寬鬆化、彈性化作用的制度設計。不過，明確地說，衡平法對於普通法傳統的兩大具體貢獻，協助解釋了當代普通法與大陸法傳統的差異，此二者即為司法裁量權（judicial discretion）與民事制裁權（civil contempt power）。

就司法裁量權而言，普通法法官在傳統上本來就有衡平的權力：他們可依個案的事實情況作成判決結果，在必要時彈性運用法律以求合乎實質正義，並且透過反覆解釋使法律契合社會的變動。這些權力並不被認為是對法確定性的威脅；的確，法確定性有賴依循判例原則才得成就，此本身即是一種司法上的原理原則。因此，如何妥善兼顧法確定性與個案正義，成了法官必須自己解決的難題。此問題並不存在政府司法權與立法權的衝突。在普通法中，法官能行使裁量權，但他們同時必須對法律的確定性與安定性，負起主要的執行責任。

因此，相較於大陸法的同僚，普通法法官較少受到普遍心態所迫，強將爭議塞入立法機關打造的箱子之中操作，甚至當案件涉及法條的適用，普通法法官還有某種程度的權限，可以針對事實來調整法規。如果立法部門提供的箱子不合用，法官也能適度微調箱子使其合度，若適用的法律為判例，亦即先前一名或多名法官建立的箱子，則調整權力，益形增大。相反地，在大陸法世界中，如果事實無法與箱子耦合，這些事實必須被迫扭曲，以合於箱子構造。而理論上，箱子往往是由立法機關打造。

大陸法法官欠缺固有的衡平權力是一回事，儘管事實的確如此；不過指控大陸法的衡平性不及普通法，則是另外一回事，而此種說法明顯有誤。確實，您可以說（而且真的有

人說過），大陸法在某些法領域發展出較英美優越的實體法規範，是因為較具衡平性的緣故。我們在此並非關注何者較為公平，而是立法機關與法院之間權力的分配問題。在普通法傳統中，法官擁有固有的衡平權力，在大陸法傳統中，此權力掌握在立法者手上，立法者行使衡平權力的方式及其後對於司法機關的影響，充分展現大陸法傳統中理論與實務之間的差異。

在理論上，立法機關主要透過兩種方式行使衡平權力：其一，授權給法官，使其可在特定情況下行使衡平權力，或是自行制定衡平規則，讓法官比照其他規則那樣適用。第一種方式可見於義大利民法典第1226條，該條文指示法官，若無法證明原告因被告不履行義務所受損害之確切金額，應依衡平原則裁定金額。第二種方式則見於同法典的第1337條，該條指示契約雙方當事人在協商與締結契約時，應秉持誠信（in good-faith）。大陸法世界的現代民法典，此類條款為數頗多。

不難想像，第二種法條賦與法官很大一塊未經明確定義的衡平權力。雖然立法者已然進行立法，且已訂出實體法規，但其用語涵義過廣（法典未對「誠信」作出界定，其適用可能性毫無限制），以致法官幾乎不受立法形式的限制。法條的意思取決於法官於個案中的處理。法官在個案中的適用成了事實上的法律，儘管在理論上不是如此。律師若想知

道法條的適用結果可能為何，他會馬上去參考法院曾經適用該法條的彙編判例。立法部門並未提供箱子，而是要求法官自行製作箱子。

以立法賦與法院適用此類一般條款（general clauses）的權力，在大陸法世界中是十分常見的實務作法，但是實際上的作用取決於個案中法官的判斷。拿破崙法典第1382條即規定，行為使他人受損害者，應對他人負損害賠償責任。法國法院以此條為基礎，建立了整套侵權行為法體系。德國民法典（Bürgerliches Gesetzbuch, BGB）第242條規定，債務人應依誠信原則履行其債務。德國法院據此創設了一套龐大的債務履行法體系。兩國法院在此過程均對案例法（case law）發展出近似普通法法院的操作傾向，近似程度之高，遠超乎主流理論所承認者。其中以德國法院尤其明顯，他們依據第242條處理德國在一次大戰後發生的嚴重通膨問題，展現顯著的司法積極主義，即便對於強硬派法律唯實論者而言，也是非常極端的例子。在當時的判決中，參照「法源」的必要動作變得徒具形式，對法官拘束力甚小，再加上排斥依循判決原則，法確定性因而不易確保。

與此同時，德國法官遵循納粹政權期望，常被有失公允地拿來與義大利法官成功抵抗法西斯主義者一事，相提並論。此派論點認為，1920年代德國法官犧牲確定性而積極主張司法裁量權，一方面是要正當化其對於一般條款的使

用，同時也是依循「自由法」（free law）學派法學者提出的理論。反觀義大利法官則是固守傳統，強調法確定性，行使相當有限的裁量權。於是，當黑暗降臨時，德國法官便無法透過主張法確定性的重要來捍衛法秩序。他們不像義大利法官那樣堅持抵抗，而是公然摒棄了此一原則。我們是否接受這個版本的歷史並不重要，反而許多人對此深信不疑一事讓我們看到，即便是在最為開放的大陸法國家，法確定性的訴求始終有其活力，以及人們對司法裁量權一直以來的不信任。

衡平法對普通法傳統另一個主要的區別性貢獻是民事制裁權。此為法院在民事（即非刑事）案件中擁有的權限，可用來處罰違反法院命令的人，使其實施或停止實施某行為。這項設計的目的在使法院可命人民作為或不作為，並能在人民違反命令時予以處罰。在普通法中，此制裁權的使用範圍十分廣泛。機場附近居民因為飛機飛行高度過低導致居住不得安寧，可以申請禁制令（injunction），禁止日後飛機飛行於特定高度以下，若有人違反禁制令，法院可予以處罰。事前承諾移轉土地於他人，而事後拒絕履行者，法院得命其履行，若仍拒絕履行，法院得予以處罰。勞工團體非法對雇主的企業進行罷工糾察，法院可禁止其繼續罷工糾察，若仍不停止，則工會負責人將受處罰。在普通法中，針對個人發布此種命令以作為救濟方式的情況十分廣泛。這些命令背

後的權力，即是法院得因個人不遵守法院命令而予處罰的權力 —— 法院制裁權。

大陸法傳統並無民事制裁權，也無一般性權力可資命令特定人及在對方不從命令時予以處罰。法國有所謂的司法怠金（astreinte），功能有如限縮版的法院制裁權；德國法也有類似司法怠金的制度設計。特別是法國的司法怠金，近年透過立法方式更加擴充，但仍然不足與普通法法官的廣泛權力相提並論。二十世紀初，墨西哥發展出「Amparo」，一種保障憲法權利的特殊程序，後來引進其他拉丁美洲國家，有時冠上不同名稱（在巴西稱mandado de segurança，在哥倫比亞稱tutela，在委內瑞拉及中美洲國家稱amparo）。Amparo是法院制裁權可得執行的一種強力禁制令，拉丁美洲法官的使用頻率有漸增趨勢。

給予法院一般性的權力，使其可在民事訴訟中強制人民實施或停止實施特定行為，違者予以監禁或罰金等處罰，此種理念是與大陸法傳統相衝突的。首先，這與法確定性要求不相容，而且也給予法官超乎大陸法法律人認知中法官應有的權力。此外，對拒絕履行命令者予以罰款與監禁，在大陸法法律人看來，這毋寧是偏向刑事（而非民事）的處罰，而非民事。因此，此派觀點認為在對個人加諸制裁之前，通常必須透過刑事實體法與程序法上的審查作為把關。此種把關機制，並不存在於刑事法以外的法律。最後，就大陸法傳統

的執法而言，民事制裁權並非絕對必要，因為個人財產可以作為各種義務的擔保。民事法院的權力，基於成文法的明文授權，通常限於金錢給付一類的判決，唯一例外是，民事法院可以命令履行某行為，但也只以該行為可由第三人代為履行者為限——這就是所謂的可替代行為（fungible act）。履行的成本之後可向被告索取，如有必要，可由法官賦予行為適切的法律意義。舉例而言，某人在法律上有義務簽署轉讓土地所需的文書，卻不簽署，此時法院可以命其備妥文書，並可賦予備妥文書此一行為必要的法律效果。

對於法確定性的重視程度，以及固有司法裁量權與法院制裁權的存否，具體呈現兩大法律傳統在司法所扮演角色的根本差異。這些顯示大陸法法官仍然受制於各式各樣的歷史影響，當中最甚者，莫過源自法國大革命時期法官在司法程序中的形象，以及法律科學衝擊之下造成法官形象的轉變，後者即為下章即將討論的主題。

# 第九章

# 法律學者

我們已經知道，大陸法法官扮演的角色通常被認為較普通法法官侷限，而且也低調許多。將普通法看成是法官之法（law of judges）堪稱合理，但沒有人會以此語形容大陸法。羅馬帝國法官的形象、舊政體下法官被控濫用職權及法國大革命時期興起的法官角色理論，在在限縮法官的權限範圍。立法實證主義（legislative positivism）、權力分立的教條、法典化的意識型態、對法律解釋的態度、對法確定性的特別重視、否認法官固有的衡平權力及拒斥依循判例原則——無不傾向貶低法官而榮耀立法者。

基此，我們可能以為在大陸法傳統中，立法者才是法律程序的主角。的確，曾有一段時間，立法機關被期許能夠制定出完整、一致、明確的法律體系，如此一來法律解釋便無用武之地。放棄立法無誤（legislative infallibility）的教條是一段緩慢而又勉強的過程。儘管現今大陸法法院已具解釋功能，但法官行使此項功能並非創造法律的說法依舊持續，而僅是在尋找並遵循立法者明示或默示的意旨。諸此均指

出，立法者在大陸法中占有的主導地位，猶如法官在普通法傳統中的地位。大陸法傳統在歷史上有些短暫時期，情況可能確實如此，但立法者隨即發現自己再度受制於一群人，這群人一手建構了現代民族國家理論，立法實證主義與權力分立學說，法典化的形式、風格和內容，以及司法功能本質的主流觀點。教師學者（teacher-scholar）才是大陸法傳統的真正主角。大陸法實為教授之法（law of professors）。

相反地，儘管法律教授與法律科學在美國的影響持續擴大，但法官依舊是影響美國法律體制成長與發展最重要的角色。不只如此，主流的意識型態亦設定他們扮演此一角色，而他們也知道自己背負的期待。學者作為普通法重要發展力量的傳統不算久遠，相對上還很薄弱。普通法仍然是法官之法。

在大陸法傳統中，學者的卓越地位由來已久，羅馬時期的法學家（jurisconsult）被認為是此學術傳統的創建者，他們是公認的法律專家，專為裁判官與法官提供建議，但不負立法或司法責任。他們的意義極有分量，在西元二世紀，某些法律學者的意見還能拘束法官。他們的意見被記錄下來、彙編成冊並且奉為權威。查士丁尼《羅馬法大全》中最重要的部分，亦即部分的《學說匯纂》與整部《法學階梯》，便是法律學者的著作集結而成。

羅馬法在義大利復興以後，負責復興與發展中世紀共同

法學的，便是學者。註釋學派與評述學派學者的著作加上《羅馬法大全》，構成全西歐繼受之羅馬法的架構。此一時期，學者對於法律問題的見解，在某些地方具有拘束法院的權威，有如羅馬法古典時期諮詢法律學者的慣例。例如在德國，有段時間法院經常將案件送交法學教師作成判決。十九世紀，許多歐洲與拉丁美洲的法典都是由學者起草，而且內容無不基於前輩學者的著作而來。德國的法典化大辯論即由學者引發與主導。在各方面均為典型大陸法轄區的義大利，近年多位閣揆與總統均為法律學者出身的教授。

大陸法傳統歷史上有兩大重要立法時期——查士丁尼時期與十九世紀法典化時期，重新檢視學者在此兩時期扮演的角色，很具啟發性。我們記得查士丁尼十分顧忌學者的著作，在他眼中，那成堆的法律著作乃是造成不必要混亂與麻煩的根源。不過，他並未打算廢除所有法律學者的權威，反而希望從中擇選值得保存者。他任命學者組成委員會編纂《羅馬法大全》，擇選學者著作即為他指派給委員會的任務之一。《學說匯纂》是《羅馬法大全》中篇幅最大，也是最重要的部分，內容大多是整理羅馬時期法律學者的著作。《法學階梯》是《羅馬法大全》的另一部分，主要取自一本同名的羅馬法教科書，作者蓋尤斯（Gaius）亦是一名學者。

即使是法國的法典化運動，亦十分倚仗學者的著作，儘

管拿破崙本人積極參與法典的籌備與制定工作，也無法扭轉這點。法國法典實際的起草工作是由執業律師與法官組成的各種委員會負責，但這些委員會卻受學者著作主宰（特別是波蒂埃（Robert Pothier）的著作），立法機關對於草案的所作變動，不過是在委員充滿學者影子的鉅構下進行微調。法國法典化的意識型態，大部分都是來自學術與哲學源頭，包括普芬多夫（Puffendorf）與孟德斯鳩等人的作品。此意識型態隨後支配了法國人對這些法典的解釋與適用，並為許多追隨法國模式的大陸法國家所採納，這同樣也是受諸學者〔在拉丁美洲如安德列斯·貝洛、迪弗雷塔斯（Texeira de Freitas）、薩斯菲爾德（Vélez Sarsfield）等〕影響的結果。我們接下來會看到的德國法典化，受到學者更為澈底地支配。

　　那麼，何以立法者對於學者存有此殊值玩味的矛盾心態？比方說，何以查士丁尼禁止評注《羅馬法大全》？原因我們只能臆測。他想要保留早先興盛時期的古典羅馬法，同時可能也是恐懼在他有生之年或其後所進行的評注，會在品質上有所遜色。就如許多被排除在《羅馬法大全》之外的著作，這些評注可能不比古典時期的學術水準；第二種可能性是查士丁尼認為此一編纂已臻完善，所以任何評注都將減損它的價值，第三，身為皇帝的查士丁尼，將此一親手頒布的《羅馬法大全》視為統治帝國的法律，因而認為對其立法所

進行的評注，可能有損法的權威性。當然，查士丁尼禁止出版評注的命令，在他有生之年是遭到忽視的。

　　拿破崙儘管不曾想要禁止評注，但他也期望評注其民法典的作品不要出版。這份期望，就像查士丁尼的禁令，沒有太大作用。有個十分有名的傳聞，說他在得知第一本評注出版時，反應是驚呼「我的法典已消失不再」。之所以有此反應，一個原因是他幻想自己的法典如此明確、完整、一致，以致任何評注均無必要。另外也是懼怕法典一旦落入學者之手，便會失去作為法國人民一般法律手冊的實用性。另一個原因，可能是他認知到學者思想普遍保守古板，而拿破崙期待他的法典能跳脫舊有的地域藩籬，成為一個嶄新法律秩序的基礎。儘管法典內容涵蓋的所有舊法全數遭到廢止，但仍有必要保護新法不受各種依循革命前法律觀念所為的解釋，以確保廢止舊法的成效。學者多半不認同一些愛國法律人所說的：「我對民法一無所知，我只知道拿破崙法典。」

　　於是，查士丁尼與拿破崙兩人均召集知名法學者起草影響深遠的法典，推動極為複雜的法律改革工作，但同時卻又畏懼學者對其改革產生的影響。其他諸如此類立法不信任法律科學的例證，在大陸法世界中常常可見。例如在當代的義大利，立法機關曾要求法院不得在裁判意見中援引書籍或論文。因此，深受法律學者影響的義大利法官，在援用學者見解時均不引註，而將這些見解泛稱為「學理」（the

doctrine），此用語在大陸法世界中指的就是法律學者撰寫的著作和論文。此種輕鬆規避義大利國會要求的作法，只不過再度反映了大陸法世界中立法者嘗試消除甚或減少學者影響力的徒勞而已。儘管立法者努力防堵，但大陸法傳統中法律科學的洪流依舊，持續為立法提供意識型態與基本內容，終而將之吞沒。

我們讀本典型的歐陸法律史著作，就能開始瞭解大陸法學者的真正重要性。大陸法傳統中許多所謂的法律史，可能令初次接觸的普通法法律人感到困惑。普通法法律人習於將法律史想像成一種在歷史、經濟與社會脈絡下對於法律規則與具體建置的說明。他們研讀的法律史，充滿各種重要案例，偶有相關的法條與歷史事件。但當他們拾起一本大陸法傳統的法律史著作，他們會立刻察覺，主要的篇幅是在討論各種法律思想的學派，以及學者及其追隨者之間的爭議。他們會讀到註釋學派、評述學派和人文主義者；讀到十八世紀法國學者間的差異；讀到薩維尼與蒂堡（Anton Thibaut）就德國法典化的辯論。總之，它是一種學術史的獨特形式，一方面幾乎與社會經濟史分庭抗禮，另一方面也跳脫對特定法律體制起源與發展的討論。倡議此種法律史形式的是法律學者，而其主要探討的議題是關於法律秩序之結構與運作的各種思潮。

此即為何我們會說法律學者乃大陸法的主導人物。立法

者、決策者、執行者、法官與律師等，無不受學者影響。學者將大陸法傳統與成文化的規範融合成一套法律體系的模型。他們教授法律系學生此一模型，並為之著書撰文。立法者與法官接受他們定義的法律內涵，而且，當立法者與法官制定或適用法律時，他們也運用學者發展出來的概念。因此，儘管法律科學並非直接法源，但學理仍有極大權威。

　　在美國，立法機關在理論上也是至高無上的，但有一句名言（出自於一法官）卻是，法律是法官說了算。如果正確理解的話，此話的確真切反映現實。法官必須決定如何分析眼前面對的法律問題、應該適用哪些法律原則以及如何適用以獲致結論。無論所選的原理原則是否體現於立法或先前的判決之中，它們只在個案當中具有實質意義，而其在該脈絡底下具有的意義，必然是法官所賦予的意義。同理，我們也無妨說，大陸法轄區的法律是學者說的算。接下來，我們將要說明大陸法國家由學者發展並且持續探討的議題，法律的概念。

# 第十章

# 法律科學

在大陸法轄區，法律學者如何看待法律，大家就如何看待法律。羅馬法研究復興之後的波隆那便是如此，當時主流認為的何謂法律以及法律應該如何研究與教授，便是註釋學派發展出來的觀點。一般所稱的註釋學派思想，指的是他們的宗旨、方法、法律運作理想及對特定法律問題的看法。

隨著註釋學派影響漸衰，新的一群學者——評述學派——起而繼之。評述學派的法律觀點及其研究與教授法律的方法，被稱為義大利模式（mos italicus）。評述學派與義大利模式在之後為人文學者與法國模式（mos gallicus）繼承，之後又有其他學派相繼而起。無論何時，大陸法傳統的歷史總有多種不同觀點彼此競爭，不過往往會有一種或其他觀點居於領導地位。當今大陸法的世界，仍然深受大陸法傳統歷史中勢力最大、主張最為一貫的學派影響，以下稱之為法律科學。此為大陸法傳統的第五大元素（列於羅馬民法、教會法、商法以及革命思潮之後），也是本書最後探討的一項元素（不過第二十章還會再探討正在逐漸形成當中的第六

項子傳統）。

法律科學（legal science）主要是一群德國法學者在十九世紀中後葉所創建，後來自然而然發展超出薩維尼的理念範圍。第四章提到，薩維尼力主德國的法典化不應跟隨法國法典化的理性主義與世俗自然法思想。他認為理想的法律體系必須建立在德國傳統行之有年的法律原則之上。因此，法典化前不可或缺的一步是澈底研究法律秩序，如此才能辨識並適當陳述這些原則，並將其匯整成為一個前後連貫的體系。

由於私法，特別是本文所稱的羅馬民法部分，被認為是整個法律制度的核心，因此德國學者主要戮力在研究與重新論述（restatement）羅馬民法中為德國所繼受，以及增加若干日耳曼元素以為調整的原理原則。他們集中研究查士丁尼的《學說匯纂》（德文為Pandekten，取自拉丁文Pandectae一字），因而被稱為學說匯纂派（Pandectists）。他們根據研究羅馬法尋繹出來的原理原則，產出許多關於體系的論述。數世紀以來對於《學說匯纂》的體系性研究持續不輟。但在十九世紀中葉德國人將之推至最鼎盛。他們的研究在多本極具分量的專著出版後達到巔峰，並在1871年俾斯麥統一德國的推波助瀾下，催生1896年德國民法典（BGB）的頒布。這些專著與BGB在整個大陸法世界極具影響力（普通法世界曾出現過法律科學的研究熱潮，勢必也受到一定程

度的影響）。這群德國學者發展出來的方法與概念被適用在其他法域，公法和私法兼而有之，終而主導整個法學發展。儘管從薩維尼時代至今出現過許多批評與反動，但法律科學持續影響著大陸法傳統下法律學者的思考，其他法律人因而也受影響。

法學學術的概念前提在於，假定法律的素材（成文法、行政法規、習慣法等等）可以視為自然發生的現象，或是資料，透過研究這些素材，法律科學家能夠發現其中固有的原理原則與關聯，就如同物理科學家透過研究物理資料發現各種自然法則。當時德國法學界領袖索姆（Rudolph Sohm）曾說道：「透過科學方法發現並非直接存在於法源之中的原理原則，這種科學程序堪比化學的分析方法。」在此思想的影響之下，法律學者有意而謹慎地想要仿效自然科學家。他們試圖採納科學方法，並且尋求加入科學界（在此應加補充的是，十九世紀末葉也有若干美國法律學者的著作採取類似假設，但較不強調科學與科學方法，至今仍作為支持美國法學院著名之案例研究法的重要論據）。

一如自然科學，法律科學也具高度體系性。對法律資料進行的科學研究得出的原理原則，被以一種十分精密的方式加以整合。一旦發現新的原理原則，它們便必須被完全整合至此一體系。倘若新的資料無法整合進去，一則系統必須自行調整以適應新的資料，否則新的資料就得調整以符合系統

的要求。就這樣，維護體系價值（systematic values）成了批評與改革法律的一項重要考量。

如此重視體系價值，很容易讓人對定義（definitions）與分類（classifications）產生高度興趣。許多學者開始致力制定與改善各種概念與分類的定義，然後再以一種十分機械化、不具批判性的方式教授這些定義。一方面法律科學假設其以科學方法從自然法律資料的研究中得出概念與分類，另一方面法律教育過程普遍帶著權威與不帶批判的性質，兩者結合很容易形成一種觀念，以為概念與分類的定義展現了科學真理。定義不被認為是約定俗成，僅在適用之時發生效力；它成為一種真理，現實的體現。學者嚴肅討論著商事法或農業法等特定法領域的「自主性」（autonomy），或特定法律制度的「真實」本質。法律被劃分為諸多明確的領域。公法與私法（下章將有完整說明）被視為本質不同，可被清楚區別。法學院課程、法學教授講座、法律圖書館的書籍排放、法律學者著作的主題及立法者制定法律方式，都可看到一套經過精確定義的法律詞彙（legal vocabulary）以及公認的法律分類。

此種加諸在法律體系之上的秩序，代表著法律科學體系化工作的重大成就。大陸法學者理應自豪他們的法律結構與方法論，及其對於法律明確、有序、高效之論述、解釋與實行的重大貢獻。法律程序的每個階段，無不受惠於此一體系

化的法學,而普通法在此方面的欠缺,則成了大陸法法律人認為普通法粗糙、發展落後的原因之一。

由於重建法律體系的各種要素,並非以一種已知、清晰的形式存在(儘管在理論上這些是現行實證法秩序的內在固有成分),同時也由於法律秩序指的是從無邊無際的資料中,辨認出內在的原理原則,因此必須要創造出新的概念來表達這些要素與原理原則。這些概念的創新性以及它們在學者法律科學著作中所受的矚目,終致評論家稱此一學說為「概念法學」(conceptual jurisprudence)。既然不透過概念很難溝通,批評法律科學使用概念一事,顯失公平。法律科學的特色在於它的概念新穎(或者說有新的重點),強調概念的有效與否(validity)而非功能上的效用多寡(functional utility),概念的正確安排與操作被認為是學者的任務,同時它們也有高度抽象化的趨勢。

這種高度的抽象化──褪去個案事實的傾向──乃是法律科學最令英美法律人驚異的特徵之一。法律科學家發展出來的原理原則業已脫離原有的事實與歷史脈絡,因此缺乏具體性。法律科學家偏好發展和制定理論的科學結構,勝於處理具體問題。他們追求更為普遍的(pervasive)法律真理,而在使論述更為抽象的過程中,「非屬常態」(accidental)的細節遭到省略。最終的目標是建立一套除了本質性元素以外全部排除的一般法律理論。

法律科學的研究是根據傳統的形式邏輯方法進行。學者取用法律的原始資料，透過演繹過程（有時稱為「邏輯擴展」（logical expansion）），推理至更高的層次與更普遍的原理原則。這些原理原則本身只是更普遍原理原則的特定展現，又再啟發更進一步的研究，以此類推不斷深入。這些透過邏輯擴展得出的原理原則，在一個層次上是「規範相似案件或類似事務的法律條文」，但從更高的層次來看，則是「國家法秩序的一般原理原則」，法官應當援以解釋法律處理法律漏洞問題（詳第七章）。直覺與潛意識則被排除在此過程之外，儘管人類事務深受此影響。演繹結果便是馬克斯・韋伯（Max Weber）所稱的「邏輯的形式理性」（logically formal rationalism）。

最後，法律科學傾向純粹。法律科學家刻意將研究重心放在純粹的法律現象與價值，例如，專注於法確定性的「法律」價值，排除其他因素。因而，諸如社會科學中的資料、觀點與理論，均被認為非關法律（non-legal）而予捨棄，甚至歷史學也不例外——此點似乎特別矛盾，因為薩維尼與其弟子被稱為歷史學派（historical school）。歷史學是歷史學者（包括法律史學者）的興趣，但不是法律科學的興趣。同時，法律科學家也不關心法律的各種目的，例如正義等終極價值，這些或許是哲學家（包括法律哲學家）的關注焦點，但法律科學家只關心法律本身以及各種純粹的法律價值。結

果造就出一套高度人為的學說，刻意隔絕外界其他部分的文化。

　　然而，儘管法律科學家試圖保持價值中立與純粹，他們仍不免受到所處時代意識型態的牽絆。法律科學家活躍於十九世紀歐洲，當時的知識氛圍後世稱為十九世紀歐洲的自由主義。此意識型態較為重要的面向，就是特別強調個人及其自主性。私有財產（private property）與契約自由（liberty of contract）被視為基本的社會制度，限制應該儘量減少。那是一個我們現在會認為是過度個人主義（exaggerated individualism）的時代。法律的核心是羅馬民法，而羅馬民法基本上就是一部財產與契約之法。法律科學家的研究集中於此一領域的民法，而他們最終發展出來的學說亦體現了當代思潮核心的理念與價值。在法律科學的旗幟下，他們將充滿意識型態的概念植入體系化的概念法律結構，這套結構至今仍在大學法律系所教授，不但限制並引導著那些傳承學者的思維，同時也為法律、判例及各種法律上的交易行為之解釋與適用提供了各種參考變項，簡言之，就是支配了整個法律程序。這些理念與價值的作用，被隱藏在意識型態中立的外觀之下，假借科學方法之名研究純粹的法律現象。就這樣，歐洲體系化的法學體現並延續了十九世紀的自由主義，獨尊一套經過擇選的理念與價值，其餘一律摒除。

是以，學說匯纂派學者在著作中所提出，並構成本書所謂法律科學的特殊法律觀點與理念，可以歸結為下列幾個名詞：科學主義（scientism）、體系建構（system-building）、概念主義（conceptualism）、抽象化（abstraction）、形式主義（formalism）與純粹主義（purism）。法律科學的這些特質，對於許多大陸法法律人而言顯而易見，其在大陸法世界一直存在許多反動。這些反動以各式各樣的形式展現，而且勢力似乎從二次大戰以來持續不斷增強；然而，法律科學活現依舊。除了法律高度發展的大陸法轄區外，法律科學的統治地位幾乎不受任何影響，依舊主導學校課程，充斥法律書籍，因而得以自我延續。許多法律系學生初入職場即受此灌輸，從未想過要去質疑：它的特徵及其持續主張的法律體系模型，就是他們所知的全部。法律科學一直以來飽受正面抨擊與多方破壞，批評者曾經嘗試引進對具體問題的思考、將潛意識與直覺的存在納入考量、將非關法律的素材帶入社會問題的法律思考、使法律學者對於社會經濟政策有所認識等。儘管如此，多數的大陸法法律人依舊是從法律科學的教育中建構自己的觀點。此種態度的結果將於後續諸章詳述。

儘管普通法世界曾經短暫有過幾次鼓吹法律科學的思想熱潮，但都不曾真正蔚然風行。法律科學乃學者之法所生──殫精竭慮的結晶──而我們的法官之法絲毫不為所

動。普通法法官是問題解決者，而非理論建構者；大陸法對科學主義、體系建構、形式主義等等的強調，妨礙問題的有效解決，同時也貶低法官在法律程序中的角色，抬高立法者與學者的地位。無論是反對抽象化、形式主義與純粹主義的社會法學派（sociological jurisprudence），或是拒絕科學主義與體系建構的法律唯實論（legal realism），均強調聚焦於司法程序的困難和重要性。兩派理論在普通法世界蓬勃發展，特別是美國。

誠然，著名的案例教學法是美國法學教授受到德國法律科學的影響所創建；其理念在於，法院判決作為法源，理應當成資料來研讀，以從中演繹法律的原理原則，最後將之匯整為一前後連貫的體系。此一思路在美國最終催生了《美國法律整編》（*The Restatement of the Law*）（主要由法律教授所編纂），而它的出版，卻給了法律唯實論者機會進行澈底而具毀滅性的攻擊。從此以後，法律科學在美國的名聲一落千丈，法學教育的重心也悄然轉移。案例雖然依舊被研讀，但不再被視為法律科學的資料。毋寧，它們被當成便利的具體社會問題記錄，以及信手就能拈來的法律程序運作例證。

這種基本差異，體現於德國法律科學者索姆的另一段話：「法律的規則，可以從其所涉結果來探求，也能從其所預設之更廣泛的原則導出……這兩種程序方法較為重要的是

第二種，亦即，透過已知的法律規則來確定其預設之主要前提……法律因此得以充實，而且是以一種純粹的科學方法為之。」美國的法律唯實論者會反對此句隱含有法律規則應作為研究重心的意思，也不會苟同對法律規則只有兩種研究方法的說法。然而，如果一定要從索姆的選項作出選擇，美國大多數的法律教授、法官和律師將輕易而迅速地選擇第一種方法，而大多數大陸法法律人則仍然會選擇第二種方法。

# 第十一章

# 總則

　　大陸法傳統中公認的兩大範疇是公法與私法。私法中有兩個主要領域：民法與商法。嚴格來說，民法（羅馬民法在現代的延續）僅涉及人（自然人與法人）、親屬、繼承、財產與各種之債的法律，此與《法學階梯》及十九世紀民法典的主題大致相同。一般咸認，這些在普通法法律人眼中看似陌生的主題，實為各種互相關聯的法律原則和具體制度所組成，共同構成一套前後連貫的體系，而此觀念本身也是大陸法傳統獨有的特色之一。法律的核心概念、基本結構以及具體建置，多半自民法直接推導或類推而出。法律科學的工具可以溯源至民法的學者，而且在此領域所發展出的系統性概念架構，最終也被用於其他各個領域。目前一般仍舊認為，發展可資適用於整個法律秩序的一般性理論，正是民法學者的職責。不過，十九世紀國家活動大幅增加造就公法蓬勃發展，因此此種觀念已有所動搖，但並非取代。民法依舊是根本大法，它最先被研究，後續研究均是奠基於此。它形塑出大陸法傳統下法律人的思考（matrix of thought）。

在民法的形式法源，特別是載於民法典及各種配套立法者之外，還有一套主要來自法律科學的概念與原理原則加諸其上。這些概念與原理原則及其所建構出的體系，承載著巨大的學術權威分量，第九章已有詳述。儘管這些概念與原理原則大多未曾出現在實證的大陸法之中，但受到法律科學影響，它們仍持續被學者透過科學方法從實證法當中推導出來，當作普遍的法律真理，引進法律秩序之中。

此種經由推導而來的概念與原理原則之上層結構，通常反映在大陸法傳統三個明顯不同卻又緊密關聯的脈絡之中：(1)1896年德國民法典及其他德國模式民法典的總則部分（allgemeiner Teil）；(2)學者所建構極度複雜精密的法律一般理論根據的基本概念體系；(3)法學教育開始之初教授學生的「法學導論」內容。此三者，在受到十九世紀晚期德國法律科學的衝擊下紛紛繼受或大量修正其民法典的國家之中，往往融為一體。儘管這些國家並非亦步亦趨地複製德國民法典，但他們很明顯想將自己的法典變得更「科學」。於是，進化成為科學化民法典的程度，決定了實證法、公認法律一般理論基本要素，以及民法導論或總則之課程內容與論文採用相同概念與原理原則的程度。準此，相較於學者口中與筆下的法律，實證法一般來說甚少具有科學性。

掌握民法總則要領的最佳方法，就是檢閱一本民法教科書總則部分的說明。為此，我們將以一本著名的私法入門著

作（將以匿名方式呈現）為例，檢視其中關於基本概念和總則部分的內容。儘管此書與其他類似的法國、德國、義大利民法書籍並非完全相同，但其結構與基本概念均體現了我們試圖描繪的思考模式。

此書一開始先講述一些「基本概念」，其中第一個概念是「法律秩序」（legal order）。作者如此寫道：「沒有社會……在不具一套規則來規範社會構成員間關係和負責使成員遵守規則之人的情形，還能有條不紊地運作（ubi societas ibi ius，有社會處即有法律）。」倘以此觀點看待國家，則「我們……需要一套規範以約束公民之間的各種關係，也需要……各種機關和職司機構……來促使國家制定的規範獲得遵守。」〔我們會發現，此定義的法律秩序，僅限於規則或規範本身以及執行該規則或規範的機構，而忽略了程序。此為典型的傳統途徑，法律秩序被視為靜態之物，法律不被視為察覺與解決問題的過程，而是一套既定的規則與機構，法律研究的主要目標，並非這些機構如何察覺與解決問題，或如何創造、解釋並適用法律，而是聚焦在現存規則的實質內容〕。

作者首先就法律秩序的第一個構成要素進行如此論證：「法律規範……是……一種針對個人的命令（command），藉以對其……實施某特定行為。」〔事實上，並非所有規範均為命令；此段文字論述不甚精確。有許多規範，特別在私

法領域裡，僅是描述事實情況的法律效果：例如，如果有人死亡而無遺囑，則其半數財產將歸其子女所有〕。許多規範，包括私法的所有規範，不僅要求或禁止，更「相應承認他人所具有之權力」。債務人依法必須償債，而債權人依法享有獲得償付的權力，從而有所謂客觀法律（objective law）與主觀權利（subjective right）之分。「客觀法律是個人行為必須遵守的規則；主觀權利是個人基於規範享有的權力」，客觀法律可分為自然法與實證法。「我們的研究專門針對實證法的部分」。〔在此有兩個十分重要且充滿意識型態的基本概念。第一個概念是主觀權利，此為私法制度的基礎，私權、個人權利依此存在，諸如財產權、契約權、屬人權、親屬權。第二個概念是拒絕自然法，從而拒絕任何外於國家，能夠判斷實證法有效與否的規範體系〕。

法律規範並不止於單純的建議；當它未獲遵守時，在道德戒律之外還有「國家……施以災禍」的威脅。此種處罰的本質，使得法律規範有別於習慣規則、禮教規矩、宗教信條與道德規範，違反這些招致的是其他後果（如社會壓力、良心折磨）〔這樣強調處罰很容易誤導讀者。許多法律規範並未明示或暗示「國家施以災禍的威脅」。以財產之遺囑繼承、各種契約類型的定義（如買賣、借貸、租賃等），以及法院案件審判權的規定（民事或刑事、巨額或小額請求等）而言，如此說法等於扭曲法律現實〕。法律規範也具有普遍

性；其命令並非針對特定個人，而是針對某種典型「事實情況」：債務人不償債就要負損害賠償之責。若具體事實與此一事實情況相符，例如，史密斯不償還積欠瓊斯的債務，則規範制定的效果便會隨之而來，此即，史密斯應對瓊斯負損害賠償責任。〔讀者會發現，前述傳統看待司法功能的觀點已隱含於此一論述當中。一旦釐清個案事實，法官便會對照法律規範中典型的事實情況，選出典型對應個案事實的規範、然後適用該規範明定的法律效果〕。關於典型事實情況的一個難點在於，將抽象規範適用於具體個案有時會「導致違背正義觀的結果」。衡平法理是調整適用法律的權力；它是「個案的正義」。但是「法律秩序經常犧牲個案正義，以求滿足法確定性要求，因為人們相信，將法律秩序順位置於法官個人評價之後是很危險的；個人最好能預先知道他們所應遵守的規範以及不遵守規範的效果（法確定性原則）」（詳第八章關於確定性的討論）。

說明完這些「基本概念」之後，作者接著說明民法的「總則部分」。他首先區分公法與私法：「前者規範國家與其他公部門的組織……及其與人民之間的關係，在此關係中，國家與公部門的地位高於人民，人民處於……從屬或服從的地位……。私法規範人民之間的關係……相較於公法，私法的特點是主體之間立於平等地位」（請比較第十四章中公法與私法二分的相關討論）。至此，討論轉而專門針對私

法。作者指出，私法規範不是任意性（dispositive），就是強制性（imperative），「前者能透過私人安排或協議而予以調整；後者，在涉及保障公共利益範圍內，不能為個人所改變」。

接著是討論法源，此即法律規範的位階順序應為成文法、法規命令、習慣（詳第四章）。繼而探討法律規範的時之效力（temporal effect）：決定法條何時生效的規定、廢止方式、禁止溯及既往規定，以及規範事實尚未完成或尚在持續中的效力變更。而後作者討論法律規範的解釋（詳第七章），最後以簡短討論「法律在空間效力上的衝突」作結，說明在兩個或兩個以上國家的法律規範均有適用可能時，如何適用法律規範的問題。

作者接著從法律規範轉至討論法律關係：「人類的關係千百萬種：它們可能是因感情、情感、友誼、利益、社交、文化等原因而生。每個人直覺懂得這些關係與我和債務人間關係的差別，後者關係受到法律的規範，法律賦予我獲償債務的權力（主觀權利），並使我的債務人負擔清償債務的義務。因此，法律關係乃是兩個法律規範主體之間的關係。一般提及使法律關係生效（如一紙契約）之人，係以當事人（parties）一詞表達之。而與當事人概念相對的，是第三人的概念。一般而言，第三人是指法律關係所生效力對其既非不利亦非有利之人（*res inter alios acta tertio neque prodest, neque nocet*）。」〔此規則存在許多例外，因此實用性受到質疑；事實上，在許多情形下，私人法律關係依舊影響第三人的法律利益。在此可明顯見到，總則部分傾向強調一般情形而壓抑例外情形。姑且不論一般化的不精確性，請留意在此並未討論第三人是否或者在何種情況下應該受到拘束的有趣問題。傳統學術的思維——特別是法律學者認爲，只有那些狹義的法律問題才與他們有關——排除了此類問題的討論。此規則被當作科學研究的產物來陳述，沒有表達任何規範性的評價，而是法律科學的方法和目標以及教條的權威性賦予其規範作用。從實然（the "is"）與應然（the "ought"）觀點而言，此論述誤解了實然，迴避了應然的討論，並暗指此一誤解的實然才是所需規則的規範性評價〕。

一般而言，「主觀權利」一詞是用來指人基於私法上法律關係所享有的法律利益。「規範追求的最終目的始終在於保障公共利益，不過從許多個案的觀點來看（私法規則亦是如此），追求此目的最佳的方法在於增進個人利益，激發個人行動。法律秩序承認個人利益並且尋求促使個人動機的實現。因此，主觀權利被界定爲動機至上，是爲滿足個人利益而爲行動的權力受到法律秩序的保障。」〔在此我們再度面臨私法上主觀權利的根本重要性。此外，對於動機至上（the primacy of intention）的討論則涉及一長串學術性的辯論。有人認爲只有在利害關係人同意的情形，私人權利才能

被創設，義務才能被加課。他們一直找尋私人法律關係的最終源頭，最後則在個人的動機或意志當中找到。此意思說（Willenstheorie）以及前文批評的第三人法律關係效果的規則，在邏輯上是相互關聯的。若將個人的意思或決定視爲法律義務眞正的源頭，則我們也無妨推斷，沒有表達加入法律關係之意志或決定之人——即非法律關係當事人——不受其中義務約束，也無從主張其中利益（契約當事人之所以受到契約拘束，是因爲他們自願締結契約之故）。但如果摒棄意思說不用，而且如果一般認爲法律關係的權利義務源頭在於實證的法律秩序本身，則這個第三人規則就未必成立，甚至不合邏輯。其實我們可以較爲折衷的觀點，討論第三人是否以及在何種情況下應該在法律上受到法律關係當事人協議的拘束，但作者並未討論此點〕。

除了濫用權利的情況之外，主觀權利的擁有者因爲行使權利造成他人損害，並未被要求爲此賠償。〔前文對於第三人不受私人法律關係拘束之規則的批評，也可作爲此論述的一種解釋。如果它有任何意義，也是毫不精確，而且體現了一套作者從未論及的價值判斷。主觀權利的擁有者是否眞能任意行使權利損害他人，只要不是「濫用」這項特權即可？理由何在？此外，我們也可主張此論述不過是個套套邏輯（tautology）。如果我們說，主觀權利的擁有者只有在濫用權利的情況下，須就其權利之行使向他人負責，那麼這就形

同是說，此人除了須為權利行使負責的情況之外，不用為其權利的行使負責〕。在法國等地區，法院使用學理上的一般性原則來界定「權利濫用」，在其他地區，則認為「委由法官使用具裁量性與可變性的基準來決定主觀權利的界限」是危險的。於是，為求法確定性，法官只有在特定且符合立法規定的案件中才有此種權利（請留意這裡不斷強調法確定性與憂慮賦予法官裁量權之間的關聯性，詳見第八章討論）。

　　「主觀權利的首要基本分類」是「保障權利享有者有權向其他所有人（erga omnes）主張的絕對權，以及賦予權利享有者有權向特定一人或數人主張的相對權。典型的絕對權是物權（real rights），亦即，對物的權利。這些權利乃物之所有人對物的支配權（sovereignty），無論是完全支配權（所有權）或部分支配權（對他人之物的物權）。人與物的直接關係於此清楚展現，而且毋需他人配合即可實現，其他主體只能避免干涉此種支配權的行使。不過，在債權債務關係中（在此專指相對權），最重要的是相對人特定的行為義務。相對權的範圍與債權（亦稱屬人權（personal rights），以與物權相對）有所重疊；絕對權的範圍不僅包括物權，也包括所謂的人格權（如姓名權、肖像權等等）。無論是債權或物權，反面都是責任：對物權不得拋棄的責任，以及債權中對於一名或多名特定人的責任（更精確地說是義務）。」

「當主體取得主觀權利時，法律關係即為成立。權利之取得（acquisition）表示一個權利與一個人的連結，該人於是成為該物的所有人：在實質上，則是一個主觀權利成了此人財產的一部分。取得分為兩種：透過原始取得（original title），即主觀權利是由個人產生，而非經他人移轉而來；以及透過繼受取得（derivative title），即權利係由一人移轉給他人而來。從透過繼受取得，我們可以觀察到一種現象：原本屬於某人的權利轉至他人，此現象稱為承受（succession），顯示法律關係主體的改變。在透過繼受取得的情形，新主體享有與原權利所有人相同或是源自於原權利的權利。這點正當化了下述規則：(1)新權利所有人無法行使超過原權利人享有的權利（nemo plus iuris quam ipse habet transferre potest）；(2)新權利的有效與否（validity）與效力範圍（efficacy），原則上取決於原權利的有效與否及效力範圍。」〔此處的「規則」同樣存有許多要件與例外，以致它們作為規則的實用性令人存疑。在任何法律體制中，都可以見到權利受讓人享有此移轉人更多或更少權利的例子，而且新權利的有效與否及效力範圍也可能取決於關於原權利的其它因素。甚且，在通常情況下，這些「規則」體現了對於各種未公開問題的價值判斷〕。

作者接著說明「法律關係的主體」，討論自然人與法人（如公司，基金會）的法律特性。然後，在「法律關係的客

體」的標題下，作者討論物的法律概念（有體物與非有體物、動產與不動產、代替物與非代替物、可分物與不可分物，可消費物與不可消費物等等）。

在討論完以主觀權利與主觀責任為典型之私法法律關係基本特徵後，作者觸及大陸法學理中最值驕傲的成就：「法律行為」（juridical act）。〔此為第十章所述法律科學的方法與目標之下的典型產物，相關討論書籍與文章汗牛充棟〕。有些國家將此概念納入立法之中（如在德國民法典中，它被稱為Rechtsgeschäft），其他國家則只見諸學理，但任何大陸法國家中，它以兩種主要方式運作：作為學者重新建構並維持法律秩序體系的核心概念；以及與主觀權利的概念結合，作為主張並維護個人自主性在法律中所扮演角色的工具〕。

法律行為的概念是建立在另一個概念「法律事實」（legal fact）的基礎之上。這使人回想起法律規範包括典型事實情況以及法律效果的描述。一旦符合典型事實情況的具體事實發生，法律效果便會產生。法律事實是符合典型事實情況，因而產生特定法律效果的事件（例如一個人的出生或死亡、一份契約）。這是一種法律相關事實，有別於無關法律的事實。法律事實包括「我們意志無法介入發生的自然事實（一個人因病死亡、一場地震），以及個人基於故意或自願所為之行為」。因此，法律事實分為兩類：狹義的法律事

實（此即，單純的法律事實）和故意、自願的法律上行為（legal acts）。

「法律上行為可分為兩大類：合乎法律秩序要求的行為（合法行為）以及其履行違反法律義務並對他人主觀權利造成損害的行為（不合法行為）。合法行為可再分為履行行為（operations），包括外在世界的各種行為態樣（例如取得占有、建造船舶）；以及表示行為（declarations），亦即直接傳達個人想法、心理狀態，或對他人意圖的行為。用來傳達個人思想或心理狀態的行為稱為「意思表示」（declarations of knowledge）（例如通知）；用以傳達個人動機（intention）的行為則構成了法律行為。最後提及的這幾項行為一直是學理致力發展的對象；至於其他行為（又稱為狹義法律行為），可以確定的一點是，它們無法適用與法律行為相關的原則。一般而言，我們可以說狹義法律行為乃是預設行為人具有動機和故意，但並不具有產生法律效果的動機：此在法律秩序中即自動和行為的履行相連。例如，如果一個人以書面明確表示他是小孩的婚生父親，則小孩根據民法即享有受扶養權，即便表意人並無意透過此種表示的行為來將此一權利歸於自己。

在各種法律上行為當中，法律行為具有根本重要性，事實上，它是法律活動最為完整而有趣的表現。為確實理解法律行為的概念，我們最好從實證經驗出發。執行遺囑的人或

締結契約的當事人是意圖產生法律效果的：在遺囑人死亡時將其物資分配給受遺贈人，或移轉買賣物所有權作為對價等等。因此，我們容易理解通說所下的定義：法律行為是一種動機的表示，指向法律秩序認可並保障的法律效果。而正是動機指向法律效果這點，構成法律行為概念的典型要素，使其有別於狹義的法律行為，如我們剛才讀到的，狹義的法律行為雖然同為自願而故意的行為，但其效果的產生並不要求行為人在履行時懷有產生該等特定效果的動機。當事人所欲發生的這些法律效果，受到法律秩序的肯認與保障：這使得法律行為有別於——我們剛才讀到的——違反法律秩序所定義務的非合法行為。法律行為是許多論者研究特定法律型態（如契約、遺囑等等）演繹出來的一種一般型態。這些型態有著共通的特徵。基本的特徵在於它們事實上都是私人關係自治的展現，以及法律秩序對於個人有權安排自身利益的肯認。然而，此種權力並非沒有限制：主體從事交易的自由必須遵守法律秩序指示的規定，及其制定的各種負擔與限制（例如，如果有人要移轉不動產，他必須要以書面方式為之）。總而言之，行為指向的目的必須獲得法律秩序肯認才值得予以保障。法律行為的一般理論研究十分重要。由於法律秩序認可個人透過意志在私法領域安排自身利益的權力，因而大部分的法律活動均包括了法律行為。

上段說明了法律科學的幾個特徵：傳統學理對於「私」

法律行為及從中衍生之「私」法律關係的重視；學理的實證立場（法律行為是許多論者研究特定法律型態演繹出來的一種一般型態）；以及學理的遠離具體問題。例如，我們如何決定一個特定行為是否或應該被認為「值得受法律秩序的保障」？誰來決定，以何標準決定？法律程序如何將此限制加諸私法自治之上？

接著是對各種法律行為的描述（單方或多方、生前或死亡、無償或有償等）。然後作者開始詳述法律行為的構成要件。「法律行為可分為基本構成要件（essential elements），法律行為缺此就會無效；以及附屬構成要件（accidental elements），對此當事人可自由斟酌是否納入。適用於所有行為的基本構成要件（如動機、原因），稱為一般基本構成要件；專指特定類型行為者，稱為特別基本構成要件。因此在買賣行為中，除了動機和原因之外，標的物和價格均為基本構成要件。」接下來是討論一般基本構成要件（動機與原因）以及一般附屬構成要件（條件、期限、形式）。最後討論解釋和效力，以及法律行為無效（voidness）和得撤銷（voidability）的效果。

這本教科書的總則部分接著便以簡要討論主觀權利的司法保障以及民事訴訟中法律事實的證據作結。總則部分共計236頁（超過全書的四分之一），其中超過100頁的篇幅在討論法律行為，但沒有任何針對特定主觀權利或具體法律制

度的討論。行文從較為普遍、抽象到較不普遍但依舊抽象。其後關於特定主觀權利與具體法律制度的討論，是在總則建立的概念架構上進行。更重要的是，後來的討論仍是相同的論調和風格；強調廣納的定義、清晰的概念區辨以及普遍的大原則。這些定義、區別、原則並未經過現實的檢驗。的確，此種論調可以訓練法律人將具體事實套入概念結構，但卻傾向避免原則產生例外，抹去爭議之處。

因此，總則部分的法律是學理上的法則；它是純粹屬於學者的法律，如果我們在大陸法國家（如德國）制定的實證法中遇見它，那是因為立法者選擇將學理變為成文法的形式。在德國民法典之前的幾部民法典自然沒有類似總則的部分，但即使其後的幾部法律，基本上也傾向在學者的科學性工作與立法者的立法工作之間保持形式上距離。因此，在大多數現代的民法典中，立法反映但不明文體現此處所述的一般學理。不過，制定、解釋和適用法律者，仍是接受此套學術訓練的人，對他們而言，此處所述的體系乃基本、明顯並且真實。關於法律與法律運作過程的概念結構及其固有、未聲明的各種假定前提，構成一種學院式的法律（classroom law），籠罩著整個法律秩序，深深影響著律師、立法者、行政官員以及法官的思考與行為方式。

普通法世界數度嘗試師法實證法的基本構成要件，引入類似的體系重建，但基本上都失敗了。十九世紀末曾有一段

時間，英美學者試圖仿效德國的法律科學。1870年代哈佛法學院引入案例教學法，部分是基於法律科學的前提假設。二十世紀早期，英美分析法學者（analytical jurists）產出大量的學術成果，在許多方面均與法律科學著作相似，普通法世界也不時出現分析法學研究復興的風潮。企圖宏大的《美國法律整編》在1920年代由美國各大法學院傑出教授組成團隊開始編纂，其中與大陸法的學理（本章關於總則部分的討論即為典型），有諸多共通之處。不過也有許多反動力量出現：社會法學與法律唯實論的衝擊，法學者及其作品的重要性降低，問題解決型法官居於主流，以及美國法學教育在風格與目標上的差異。英美最富思考力的法律學者認可秩序與體系的價值，而且他們期待（起碼有時如此）將類似的秩序概念引入我們的法律之中。但於此同時，他們大多認為代價可能過高。他們憂心，就一個高度複雜、不時變動的社會所需求的敏感程度來說，這種秩序的代價應高過人們所願承受者。而即便對於願意承受代價之人而言，他們在法律運作過程中也缺乏足夠權力來建立一套作為基礎的學理體系。他們是教師學者，而我們法律運作過程的主導者仍是法官。

# 第十二章
# 法律的運作過程

　　本章我們討論法律體制中的角色分工與原因，旨在了解法律運作過程中的基本分工方式。我們的任務十分複雜，因為一般對於法律運作過程的理解與此一運作過程的實際運作狀況，存有相當差異。社會上成規思維的模式源於革命運動的意識型態和法律科學的教條，對於人們的行為模式有著重大影響，但卻未能精準反映這些行為。

　　依照此種成規思維，法律學者從事的是構思法律體系的基本架構。他們發現並統整根本、客觀的法律真理，以作為法律其他要素的建構基礎，從而不斷提升法律科學的發展。他們在書籍文章中發表研究成果，被稱之為「學理」，並在大學中教授這些學理的基本原則。學理為法律體系的基礎，並被認為是經過客觀陳述的科學真理。學理並非實際運作的法律，而學者也確實認為關注此類事務殊非正業。他們不認為自己的作用在於制定法律（有別於草擬法典或其他體系性的立法）或在於裁判個案。他們擔心涉入這些活動，可能失去客觀性與觀點，而且無論如何都會浪費寶貴時間，他們本

可利用這些時間從事更為基本、更有意義的工作。另一種比較不同的理由是，學者認為，避免關注於社會、經濟、政治或其他非法律事務，或避免執著於特定的正義理論，是很重要的。他們認為自己不應受限於真理以外的任何意識型態或目標——純粹的科學家有別於立法者與法官；在他們眼中，這些人頂多只是工程師。

立法者，代表人民實際參與政治，有著截然不同的義務，他們才是在立法過程中反映經濟、社會需求，以呼應人民需求與期待的人。不過，在立法時，立法者絕不能忽略法律科學家提供的基本真理。他們將會發現，此真理不僅存在於學理，更寓於先前立法者在法律學者協助下制定的體系性立法，特別是基本法典。因此，新的立法必須採取與遵循這些由學者架構，同時體現在先前立法中的概念與建置。立法最重要的作用是在必要時補充法典之不足，並完善先前的立法，包含法典當中經法律科學者不斷研究所發現的缺陷。如果立法機關能夠依循學者的指示，將可避免立法不完備、缺乏明確性等風險，並能創設十分系統化以及（在法律科學意義上）有效的立法。法律科學家會批評立法，但非出自可能產生的社會或經濟效應。他們探討的是立法是否符合法律科學的宗旨、該法起草的品質，以及是否適合既有的概念體系。

在成規思維之下，法官不過是一群操作員，操作著法律

科學家設計、立法者建造的機器；的確，我們常在大陸法世界的文獻中看到法官被稱為「法律的操作者」。在判決的過程中，法官自原始的問題抽離出相關事實，將之整理成為法律問題，然後找到合適的法條適用於問題之中。除非法律科學家和立法者沒有善盡職責，否則法官的任務十分簡單，只會有一個正確的解決方案，法官沒有任何裁量空間。如果法官在找尋可資適用的法條或在解釋與適用法條於事實的過程中發生困難，就表示下述之人可能出了差錯：法官不知如何依循明確的立法指示；立法者未能制定明確而可資適用的法條；法律學者未能察覺或更正法律科學意義下的缺漏，或無法給予立法者與法官適當的法律制定與適用指示。除此之外，沒有其他合理的解釋。如果每個環節的人都能克盡職責，則法官在尋找、解釋乃至於適用合適法律的過程將不會遇到困難。困難案件並不多見，應被視為違背常理的案例，它們的存在並不破壞法律運作過程中一般運作模式的有效性。對於此類有違常理的案件，最好是由法律科學家立即檢視，並提出補救方法以供立法者參酌。只要法律秩序未臻完善，法律解釋與適用上的問題便必然產生若干學理的討論。當然，在立法行動懸而未決的情況下，法官自應參照學理上的解釋（實際上也確實如此）。

　　籠罩在整個法律運作過程之上的，是對於法確定性揮之不去的憂慮。法律學者尋求透過法律的系統化來增進確定

性。法確定性需要立法機關,而且也只限於立法機關,制定完整、一致、明確的法律。法官只能透過解釋與適用「法律」來維持法的確定性;司法判例並非「法律」。同時,法官也無權在疑難案件中緩和過於僵化的規則。為了維持法確定性,所有非關法律的考量應該排除在外,諸如實現正義或其他法律目的的考量,也必須排除。雖然疑難案件、判決不公、判決不切實際在所難免,但此為維護法確定性的代價。

雖然有點誇大,這正是大陸法傳統中成規思維之下的法律運作過程。儘管許多參與者對此一運作過程深信不疑,並且努力依循這套模式行事,但實際上仍有不少作法有違理論。第一,法律科學理論的眾說紛云。不同學派之間對於法律結構基本問題或是特定立法或判決優劣的論戰,自是稀鬆平常。事實上,無論何時我們都能在大陸法世界的學術社群中,看到他們對絕大多數法律問題的都有不同見解。即使是發展相對較趨一元化的純粹法律科學,稍作調查即會發現,理應客觀的基本假設其實隱含了諸多重要的價值判斷。左派法學者已窮整個世紀努力不懈地對歐洲法律科學在意識型態上的偏見,提出犀利的批判。對他們而言,十九世紀與二十世紀大陸法世界許多被認是價值中立的法學研究,是對十九世紀資產階級自由主義(bourgeois liberalism)之具體建置與價值理念的辯護。

儘管立法機關努力就每個可能發生的問題,從立法層面

提出明確而有體系的回應，但實際情況卻遠遠無法達此目標，因此，法官必須從事大量解釋工作，他們時常遇到法律規定過於抽象而無從適用，法條未臻明確或在適用上相互衝突，或是立法者顯然未能預見法官現時面臨的狀況。由於所有司法轄區均要求法官審理案件必須作出裁判，不能因為法律未臻明確而不予判決，於是法官持續在大陸法轄區內進行造法工作，由於一方面立法給予的指示未洽，另一方面又不得不做出判決，於是他們就即興創作。法官可能會很邏輯地呈現他們如何運用立法者制定的規則來進行判決，而即便法官自認實情確係如此，他們依舊是在從事造法。在法典行之有年的國家，此種司法造法的積累效果十分可觀，例如法國，至今仍在施行拿破崙法典，而他們的侵權行為法幾乎完全來自法院根據拿破崙法典中幾條一般條款所作成的判決。

此種司法造法的影響力，更因為高審級法院和部分下級法院會定期公告所作的判決（不過往往是以精簡形式為之，通常省略在我們判決意見中常見的完整事實陳述），並且為後續案件引用，而日漸擴大。律師能夠藉由公告得知司法判決對於系爭法條的解釋，因而在困難法律問題的處理上便利許多。對法官而言，當然也是如此，至少在理論上，法官如果認為先前的裁判有誤，他們可以不予理會，不過在實際上，如果判例是出自上級法院之手，即使下級法院法官對其正確性存疑，仍很可能會依此做出判決；因為他們不希望自

己的判決被推翻。倘若判例是由旨在提供法律最終權威解釋的最高撤銷法院或同等機關作成，下級法院的法官很可能遵循。表面的理由是，這些判例與他們自己設想的法律解釋和適用情形相符，但真正的理由是，他們採取的理由不容於現行法律運作模式。

源於大陸法傳統的法律運作模式與一般民眾和機關的實際作為存在相當落差，大陸法世界對此並不陌生。儘管學者投注大量精力與心血試圖證明此種落差並不存在，但不少學者、立法者與法官已起而反對傳統的運作模式。在法律思想上的革命，沒有比在美國（以及應予注意的斯堪地那維亞地區）的法律唯實論運動更為劇烈者；但也有愈來愈多人怪罪傳統模式無法實現正義、造成社會普遍對法律體制感到不滿並拖累社會經濟的發展。愈來愈多人質疑學理導向的傳統法學教育體制及其成果，與人民日常生活中的判斷過程甚無關聯。學者研究純粹法律科學傳統以設計理想法律機器的能力受到質疑，立法無誤論的教條受到撼動，對司法功能的想像則持續擴張。在其他世界的法律人不免會問，這套法律運作過程的理念源於大革命時期的法國與十九世紀的德國等特殊背景，在不同的時空環境下是否必然適用。舊有的成規思維已明顯失勢，但在能被廣為接受且前後連貫的新觀點出現取而代之前，它將持續占有一席之地，它依然是既有法律運作過程的存續模式，甚至連看衰此一模式的學者，也寧可多花

時間去完善它，而不是去另外設計一個較佳的模式。

　　新模式遲遲沒有出現的一個原因，或許是其可能威脅到法律學者長期支配法律運作過程的地位。儘管暗示學者之間有所勾結會很可笑，但我們在本章討論的法律運作過程模式，乃是學者創造並且樂意延續下來的產物，這是不爭的事實。在大陸法世界中引進利益法學、法律唯實論、法律社會學、法律經濟學以及法律政策分析的嘗試──都對傳統模式提出一致的批評──均遇到了阻礙。這些觀點並非受到忽視，但它們尚未深植於法律意識之中。諸此方法均需更多跨領域的分析，重新評估法官的社會角色，並對許多大陸法傳統的前提假設提出質疑。但提倡此議的學者卻發現法學院校的壁壘堅不可破，而心態保守的法律人均十分固執，不太聆聽他人意見。不過，大陸法傳統中總是充滿著富有創意之士，而且至今尚未有決定性的勝負。我們將於最後兩章再來探討這個議題。

# 第十三章

# 審判權的劃分

典型普通法國家有統一的法院系統，可用一個金字塔來表示，塔尖即為其單一的最高法院。不論不同種類法院的數量以及金字塔低層的審判權劃分方式有多少，每個案件至少都會經過一最高法院的終局審理。刑事訴訟的判決、交通事故或契約當事人間的私人訴訟，公民對行政行為合法性的申訴、憲法上權利的爭執以及向行政法庭（administrative tribunal）請求賠償，全由同一上級法院審查。對我們來說，由最高法院行使最終權限，審查行政行為的合法性、立法行為的合憲性，乃至於審理和終局裁決更大範圍的民事與刑事爭議，是理所當然之事。

大陸法的世界截然不同，在那裡我們通常會發現兩個甚至更多分立的法院系統，各有管轄、審級與程序，全部共存於一個國家之中。案件一旦繫屬於某一管轄法院，不論在事實審還是上訴審的階段，就不會再被繫屬到其他管轄法院。假如典型的普通法司法審判系統可用一個金字塔來代表，那麼典型的大陸法司法審判系統就可看成是兩個或兩個以上的分立結構。

在這些管轄法院中，最為重要者，最明顯且最經常衝擊一般市民生活的是所謂的普通法院系統。此種法院由「一般」（ordinary）法官組成，負責審理與裁判各種民刑事訴訟，它們是歐洲共同法時期民事法院（civil courts）的後繼者，曾為革命運動時期改革的首要對象。當人們談論到大陸法法官時，通常是指普通法院的裁判人員。權力分立理論中關於裁判人員的部分，是指普通法院。普通法院法官的首要工作就是解釋和適用基本法典。隨著近代民族國家的興起，司法脫離了宗教、地方以及私人的掌握而成為國家機器的一部分，普通法院成為國家壟斷司法的主要工具。立法機關獨占國家的立法程序，普通法院的裁判人員則獨占國家的司法審判程序。

舉例而言，在今日的法國，普通審判權匯合許多不同的審判權，各有歷史淵源。位居核心的是共同法學時期在地方法院職司世俗民刑事爭議的一般審判權，後來隨著宗教法庭的民事審判權漸漸衰退終而消失，其先前行使的權力便由此民事法院吸收。初由商人所建，用以審理商業爭議的商事法院，最終也納為國有，成為國家司法審判系統的一部。在法國和其他一些國家中，商事法院在事實審階段仍保有其獨立性；但它們與一般的事實審法院一樣，受同一上訴審法院的管轄（appellate jurisdiction）。其他國家如義大利，演變則更進一步，商事審判權在所有階段均為普通審判權的一部，

獨立的商事法院不復存在。

　　在法國及採行法國模式的國家，位於普通法院系統頂端的是最高撤銷法院（Supreme Court of Cassation），如我們所見，其最初是設計作為非司法性的法庭，旨在針對普通法院法官提交之成文法解釋問題提供權威性的回答。即使這個非司法性的法庭已經成為普通審判的最高層級法院，其實際的管轄範圍仍留有歷史淵源的痕跡。例如在義大利，最高撤銷法院僅受理「法律解釋與適用」的相關問題。因此，只有在訴訟一造當事人質疑下級法院解釋或適用法律、法規或習慣的方式時，撤銷法院才會受理審判。下級法院錯誤地解釋或適用契約、遺囑或公司章程的爭議，並非「法律」的解釋問題（儘管此常可輕易轉為法律解釋問題），因而不能提交撤銷法院。關於案件事實的各種爭議也在排除之列；只有法律上的爭議才是審理的對象。

　　此外，撤銷法院僅就提交其前的法律問題進行裁判；它並不對案件本身進行裁判。假如它認為下級法院的解釋正確，便維持原見解。假如它認為下級法院解釋不正確，便會作出正確的解釋，廢棄原來的判決，並命令下級法院（或其他同級法院）重新審理該案。

　　因此，典型大陸法國家的普通審判權結合了多種審判權元素，這些審判權先前分散於共同法時期的民事法院、教會法院、商事法院，以及法國大革命後所設專責解釋法律的特

殊法庭。在民事（非刑事）事件中，普通法院適用民法典與商法典以及相關的附屬法規；在這些案件使用的程序受民事訴訟法規範。在刑事事件中，法院適用刑法典及其附屬法規；在這些案件使用的程序受刑事訴訟法規範。普通法院通常也適用這五部法典以外的諸多法律及其附屬法規，但是一般還是認為普通審判權與這些基本法典的功能相仿。

典型大陸法國家通常也有一套行政法院系統，完全獨立並行使著獨立的審判權。原因基本上還是革命運動時期權力分立的學說。革命前法國司法審判權（亦即普通審判權）受到詬病的其中一點是，法官以不同方式不當干涉政府的行政工作。在英格蘭，法院有權發布職務執行令（強制官員履行責任）和權限開示令（質疑官員行為的合法性）。相對的在法國，革命運動改革的目標之一，就是剝奪普通法官任何判定行政行為合法性或掌控政府官員行動的權力。正如同立法權與司法權的分立使法官沒有任何機會干預立法程序一樣，行政權與司法權的分立也使法官沒有任何機會干預行政程序。

立法作為最高法源的觀念，意味著不可能存在固有的行政權，行政機關只能在立法者授權的範圍與界限之內行使職權。因此，每個行政行為都可能面臨合法性的審查，需要司法機關以外——已因權力分立理論而被排除在外——的某個機關來裁決行政行為的合法性。在法國，是以國家委員會

（Council of State）來滿足此一需求，剛開始這是一個直屬於國王的諮詢機構，後來漸漸轉變為政府中央行政機關，除了行政功能之外，也負責審理與裁判行政行為合法性的申訴案件，不久國家委員會中經常行使此權力的部門開始產生司法特徵，它有自己的程序與救濟類型，而且還根據少許成文法建立了一套龐大的案例法體系，定期發布並為法律人所用。國家委員會的指標性判決是法國行政法的主要法源。許多其他國家如比利時和義大利，均循著法國的模式，賦予各自的國家委員會類似的行政審判權。而德國和奧地利等其他國家，則是為此創設了行政法院。

理論上，普通審判權與行政審判權之間是分立而排他的；因此一個案件的歸屬非此即彼，不會同屬兩者。然而有時會有爭議性的案件出現；例如有一個案件在行政法院提出，而被告爭執案件應屬普通法院審判。儘管學者和立法者盡其最大努力，仍無法設計出一個簡單且不會出錯的判斷標準；因此這個問題乃以訴訟方式解決。歐洲國家解決此問題的程序有三個範例值得參考。在義大利，最高撤銷法院是處理普通法院與行政法院審判權衝突的終極權威。在法國，此問題最終由一個稱為衝突法庭的特別法院來處理。在德國，由受理訴訟的法院決定其是否具有審判權，其決定可以在其轄區範圍內提起上訴，但無法再作進一步審查。

二次大戰之後，德國和義大利決定創設剛性憲法，因此

需要一套審查立法行為合憲性的方法。當時是希望宣告違憲的判決能夠拘束其他政府機關以及後續的案件（亦即具有對世效力），顯而易見，此一權限如果交由司法審判權（亦即普通法院審判權）來行使，無法不違反權力分立原則也無法不限制立法優越性。這種另設審判權來審查行政行為合法性的想法，促使德國人與義大利人創設了獨立的憲法法院。儘管大陸法基本教義派有時會主張說，這些法庭不能真是法院，或主掌這些機構的官員不能真是法官（因為精確來說，法院與法官僅能解釋與適用立法者制定的法律），但此觀點已是緩和後的原則，僅是使人將國家委員會視為法院，將運作該機構的官員視為法官。權力分立原則與傳統大陸法想像的司法功能，依舊持續適用在普通法院的工作之上，獨立的行政法院與憲法法院不被認為違反該原則。

結果，整個大陸法世界普遍可見多元的法院系統負責執行美國與其他普通法國家單一司法系統的職能。不過，有些拉丁美洲國家，特別是在獨立期間受到美國獨立運動與美國公法影響至鉅者，仍是建立統一的司法系統。模式則因國家而異。統一司法系統的存在，反映了一個更為普遍的現象：北美模式對於拉丁美洲公法影響深遠，相較之下，其對拉丁美洲私法影響便屬微弱。不過，基於一些後續章節將會詳述的理由，這些統一司法系統的轄區，最高法院從未達到如北美模式一般的聲望和權限，或遲至近年方足致之。

# 第十四章

# 法律範疇

　　很明顯的，法律可依各種方式劃分以滿足各種功能。儘管更加難以呈現，但卻同樣明顯的是，法律的任何劃分必然會對整個法律體系造成影響。傳統的法律劃分方式已然成為法律本身的一部，影響法律的制定與適用。因此，法律劃分與分類的方式，勢必影響諸如定性（一個法律問題如何定性）、教學（法學院課程大綱如何設計）、學術（法律學者的專業領域如何劃分）、法律圖書館的組織（書籍應如何分類）、法典化（如何界定合適的法律編纂範圍）、法律的書寫與出版（書籍或法律期刊關注的議題為何），以及法律人之間的日常溝通。大陸法世界一般公認的法律劃分與分類方式，明顯不同於普通法法律人所熟悉者。

　　大陸法傳統劃分法律的方式有一個主要特徵，亦即明顯更為強調及相信形式上定義和區分的有效與否（validity）與效用多寡（utility）。普通法法律人傾向於認為法律的劃分是約定俗成的，就像某種歷史、便宜行事和習慣混合而成的產物，然而學者（特別是法律科學者）的影響，使得大陸

法法律人以一種較為規範性的觀點來看待法律劃分的議題。如我們在第十章所見,定義與分類被認為是以科學方法從客觀的法律現實(legal reality)推導而來。一旦經過科學方法發現與改良,它們便會整合至重構的法律體系之中,成為法律科學的主題,描述性(descriptive)的概念就此併入規範性(prescriptive)的概念。法學家對於體系、抽象化、形式主義與純粹性的強調,更加強化法律科學中區分與定義的權威地位。定義與分類成了系統化法律結構的一部,為法律學者所用,教授給法律系學生,從而植入法律之中。它們在方法論上的效用一般均認為是伴隨其本質上的有效性而來。

大陸法傳統中最主要的劃分方式,是將法律區分為公法與私法。對大部分的大陸法法律人來說,這種區分似乎是基本的、必要的,且就整體而言也是明顯不過的。論文、專著、還有學生的參考書均有此一區分的討論,往往使用斬釘截鐵、教條式的文字,意在終止一切懷疑。歐洲與拉丁美洲的法律系學生在職涯開始之初就會認識此一極具影響力的劃分,他們通常不帶批判地吸收,這種劃分很快就成為他們法律觀點的基礎。一些法律學者攻擊這種二分法(英格蘭法學者霍蘭德(T.E. Holland)稱之為「大鴻溝」(the mighty cleavage))既非基本亦非必要,而且十分不明確;但一般大陸法法律人不太會有如此懷疑。他們知道公法和私法截然不同。當分類有困難時,他們往往怪罪實證法的秩序尚未適

當地理解與表達真正的實際狀況。所幸，法律學者持續在這些問題上努力，他們相信最終法律科學會澄清一切。與此同時，假設或試圖釐清二分法的法條、判決與學理依舊不斷出現，使其更加深植於法律之中。檢視這種分類的起源與目前的「危機」，是深入了解大陸法傳統的有趣方式。

在大陸法傳統中公法和私法的區分有著悠久的歷史。儘管不太確定這是在古典羅馬法時期或稍晚的查士丁尼《羅馬法大全》時期出現，但無疑地，註釋學派學者和評述學派學者都曾在他們的著作和教學中使用這種區分，此成了共同法學的共通假設之一，而且在十九世紀法典化與改革過程被頻繁使用。在同世紀稍晚，當法律開始受到法律科學家的嚴格審視時，公法與私法的區分成為他們系統化重構法律秩序的基礎。此一劃分源遠流長的歷史賦予其權威性，並使其成為文化的一部分。法律學者數個世紀來一直援用的概念似乎是基本的、必要的，且再明白不過的。

在現代歐洲法律思想中，公法與私法劃分的背後力量多來自意識型態，亦即支配十七、十八世紀的經濟、社會、政治思潮表述，見諸十九世紀的法國、奧地利、義大利與德國民法典中。這種法典化的民法是私法的核心，而當中支配性的概念乃是個人私有財產制與個人契約自由。這種對個人主義的強調，是當時理性主義與世俗自然法在法律層面的展現。法典對於財產和契約權利的強調，確保個人權利得以對

抗國家干預。民法典被認為職司某種類似於憲法的功能。在私法領域中，政府的功能僅止於承認與執行私人權利。

依循此一基本論調可以推導出諸多假設，其中之一便是一個頗為原始的經濟觀點，亦即主要行動者是私人，而政府的活動領域受到極度限縮。不論是個人為共同從事活動而組成的社團（associations），如公司或工會，或者是政府廣泛參與國家的經濟社會生活——這些在二十一世紀習以為常——均不予考慮。法律世界的行動者只有私人和國家，且兩者各有專屬領域：一個是私法，而另一個是公法。

在十九世紀的法律學界，這種意識型態廣為接受，甚至有時是毫無質疑。確實，法律科學致力於將一般所謂十九世紀自由主義的要素，隱而不顯地植入其所建構的理論之中。德國學說匯纂的主要成就之一，就是以法律科學之名，將此一意識型態提升至高度體系化和抽象化的層次；由於做得太過成功，以致這種十九世紀的基本觀點，在二十世紀許多歐洲法律的研究中仍可見其蹤影。德國學理的基本概念，乃是私人自主性在法律上的角色建構，運作領域則與私法領域緊密關聯。

公法事務採取截然不同立場之所以能夠被接受，正是對此種私法意識型態的反動所致。政府角色並非僅限於保護私人權利；相反地，更應致力於透過國家行動來實現公共利益。在此意義上，公法具有兩個主要的構成要素：傳統意義

上的憲法（即構成政府體制之法）與行政法（即規範公共行政及其與私人間關係之法）。私法關係中當事人之間是平等的，而國家居於仲裁者的角色。公法關係中國家是當事人之一方，同時因為其為公共利益的代表（以及君主的承繼者），故為地位高於私人的當事人。私法和公法兩種截然不同意識型態的發展，使得此一區分更進一步地深植法律秩序之中。

　　第十三章已經說明過兩套法院系統的存在——行政法院與普通法院——係與權力分立的學理相關。在大陸法國家中，關於兩者之間的劃分已經有大量的討論、立法和訴訟。沒有任何國家公法與私法的劃分全然等同行政與普通審判權的劃分（舉例來說，刑法在歐洲各國均是劃屬公法，卻均由普通法院審理）。不過私法與普通審判權之間仍是大致對應，因為在歐洲傳統上普通法院是裁決私權爭議之處。這也不意味著所有公法問題（除了刑事事件）專屬於行政審判權，所有（刑法事件除外）私法問題專屬於普通審判權。這個問題毋寧更為複雜，但公私法的劃分，實與歐陸及大陸法世界其他地區行政法院系統獨自分立的現象有著密切關聯。

　　於是，各種影響匯流使得公私法的劃分在大陸法傳統中具有特殊的重要性：(1)學者（特別是法律科學家），他們強調體系化、概念化的法律結構，而且有能力將描述性轉化為規範性；(2)傳統，因為這種區分至少延續了十四個世

紀；(3)意識型態，深植於法律科學各種貌似價值中立的概念；(4)普通法院與行政法院審判權的區分。與此同時，政府、經濟與社會制度曾有巨大變化，結果造成法律理論基礎與當代生活事實之間現在存有明顯的歧異。公私法的區分正處於危機之中，而這種危機正是歐洲法學界熱烈討論的主題。簡短檢視箇中部分原因頗為有益。

第一，大陸法法律人對於普通法有了更多的了解。在十九世紀，一個孤陋寡聞的大陸法法學者很可能認為普通法較大陸法粗淺野蠻。但是隨著大陸法與普通法世界文化交流不斷增加，特別是歐洲大陸比較法研究的開展，大陸法法律人也逐漸認識到英美普通法的靈活、有效率以及公正的程度未必遜於自己的大陸法體制。他們意識到大陸法之外的西方民主資本主義社會，不技術性區分公法與私法亦有著高度的法律發展。儘管這種認識不必然導致大陸法法律人摒棄他們對於公法和私法的劃分，但這確實指出了公私法之分並非每個先進法律秩序必要的一環。

第二，在二十世紀，德國的納粹政權、義大利的法西斯時期、蘇維埃帝國的社會主義法制以及拉丁美洲諸多極權政府，均傾向摒棄長久以來的舒適幻覺，不再認同傳統大陸法的公法與私法概念展現意識型態中立的科學真理。隨著歐洲大陸法在意識型態上逐漸變質，熟悉的法律詞彙開始有了不熟悉的涵義，社會改革者宣稱「所有法律都是公法」，而列

寧則宣稱「所有資產階級法律都是私法」，兩相矛盾的主張清楚說明此點。雖然敏銳的大陸法法律人總能察覺這些概念終究有其意識型態的基礎，但二十世紀的政治史拓展並加深了他們的此番認識。諸如公法與私法等詞彙，本身不帶有任何既定意義；它們的意義來自特定時空背景的文化。此一自明之理在傳統觀念的攻擊者與捍衛者聯手之下愈加彰顯。

　　第三，政府型態已有轉變；今日國家涉入社會與經濟是很普遍的現象。十九世紀個人主義式的國家已由二十世紀的社會國家所取代。政府角色的擴張常被視為導致私法自治領域縮小的開端。有一種觀點認為，私法的基本觀念已隨著社會或公共因素的加入而有修正；一些詞彙如私法的「社會化」或「公領域化」等在文獻中頻頻出現。現代憲法，始自1917年的墨西哥憲法和1919年的威瑪憲法，即明白地基於公共利益來限制私人權利，產生出大陸法法律人一般所謂的財產權或其他私人權利的「社會功能」。儘管固守傳統教義的論者可能堅持，私人權利的法律內涵有別於社會與經濟層面，在新政府型態下依舊沒有改變；但此種區分並無說服力。事實上，私人權利的內涵在實質上已經改變。

　　第四，透過國家機關或國營企業直接參與工商業活動以及使用私法的法定文書，國家介入人民經濟生活的程度逐漸增加。從而，私法在公共活動上發揮日益增加的力量，並非透過傳統的行政部門，而是經由國家機關或國家掌控的工商

業企業。一些行政法學者將此歸結為公法「私領域化」的趨向，亦即以犧牲行政法為代價之私法角色的擴張。

第五，所謂的中間團體，亦即從事共同活動者組成的社團，在二十世紀出現大幅成長並且獲得法律承認。過去以為法律世界僅有個人與國家，各自扮演界定清楚的角色，這種印象顯然已經不合時宜。如今是一個遠為複雜的世界，當中不僅有個人與國家，還有各式各樣的組織，像是工會、合作社、基金會、工商企業、財團以及宗教社團。其中有許多——只看政黨、工會與工商企業就已足夠——均有極大的經濟與社會影響力，特別是在戰後的民主社會之中。它們形成一種「私」政府，對大多數個人生活的影響往往大於正式組織的「公」政府。在一個如此複雜的法律世界中，公法與私法這樣簡單的二分法顯然已經失其效用。

第六，歐洲與拉丁美洲的憲法已經成為宣示個人基本權利（諸如各種財產權、從事經濟活動的保障等等）的媒介，民法典具有的憲法功能因而受到剝奪。該功能已從私法最為私領域的部分移轉至公法最為公領域的部分，就某種意義而言，這或許可說是私法的「憲法化」或「公領域化」。對於區分公私法作為個人權利保護手段的人而言，這種發展很容易削減公私法區分的重要性。

第七，歐洲與拉丁美洲國家大多已經建立剛性憲法以及立法合憲性的司法審查制度，有些國家設置特別憲法法院，

有些國家則由普通法院行使此職能，如此勢必削減嚴格權力分立理論的重要性，而且對於認為公私法區分與權力分立間有密切關聯的人而言，劃分公法與私法的那條界線也往往因此變得模糊。

　　第八，公法與私法之間的實質區別，在兩股彼此獨立卻又關聯的力量作用下逐漸縮小。其一是，行政法的發展使得國家力量受到愈來愈強的約束，以防其恣意漠視或侵犯私人權利主張。對法治國的追求——堅持法律規範適用到國家本身——最終導致一個同質的法律體系，國家在其中儘管仍然重要，但只不過是法律規範的對象。而此一趨勢因為學者致力將最初從私法發展出的傳統法律科學概念結構適用於公法領域而更加強化。兩種趨勢共同產生出一股朝向公法「私領域化」發展的強大動力。

　　第九，法律科學的傳統目標與方法以及法學院教授的法律一般理論，大多出自十九世紀學說匯纂派學者的著作，到了二十世紀受到一股規模雖小但與日俱增的學術前衛人士攻擊。其他人認為傳統法律科學依然有效但已沒落，轉而從基礎法學著作中尋求新的指引。結果之一，就是學者的興趣擴展至法律本身以外的領域。如今他們關心的是，法律如何融入其賴以生存的文化脈絡，或是融入其必須為之尋求問題解決方法的社會。另一個結果則是不再那麼強調法律概念結構和邏輯形式思維的有效與否及效用多寡。趨勢明顯是朝向更

為「開放」的法學以及較少技術性的方法論發展。在此發展過程中，方法論首重公私法區分的現象無可避免地失去昔日榮景。

最後，挑戰非公法即私法分類的領域在大陸法國家蓬勃發展。例如，勞動法與土地法便混合了公私法要素，並不符合傳統非公法即私法的分類方法。這些領域在大學院校設有專門講席、課程以及研究機構；另專門針對這些領域的期刊也定期出版。它們的存在使得公私法的區別更加模糊。

因此，我們可以說，大陸法世界的傳統公私法概念正面臨頗為劇烈的重構過程。不過由於之前提過的原因，這種區分仍然繼續保有實際上的重要性。即使受到尋求新定義的力量所影響，大部分的領域仍然是清楚的，且絕大多數的問題與利害關係仍然可以輕易劃分至一個或另一個範疇之中。不過兩者之間的疆界存在極大的流動空間，現今鮮少深思熟慮的大陸法法律人會嘗試為私法或公法提出功能性的定義。

區分公法與私法的規範性效果往往蓋過其描述性的作用。但是這種區分確實也發揮了描述性的功能，足以進行大致的分工。它將法律分為一個個小部分，以便於教學、研究和討論，但其隱含的規範性往往使得區別變得相當顯著，即便用於描述之時亦然。一般說來，私法領域的教師不會想去講授或研究其學科中的公法層面。舉例來說，儘管他們講授財產法，但不會去討論有關財產課稅、都市土地使用的管制

或財產權的憲法保障。這些都是屬於公法範疇，留待該領域的專家去研究。

即使是在公法與私法之內，大陸法學者也喜歡嚴格劃分程序與實體以及各種的實體法領域。整體來說，大陸法世界要比普通法世界更為強調這樣的區分。學者不太隨著問題越界追根究底；毋寧，固守各自領域的想法逐漸成為學理的一項重要基本假設，從而成了法律本身的一部。的確，在極端的情況中，這種區分被認為是在體現現實，指出不只基於慣習，更是基於資料本身性質的分類。因此，偶可見到特定學科獨立自主的學理上討論，儘管這些領域的出現主要是出於歷史的偶然，而非本質上的必然。更糟糕的情況是，論者可能會堅持在多種可供選擇的法律處置當中，只有一種是正確的。

大陸法法律人就這樣將法律區分為公法和私法，以及一堆兼含兩者元素的混合型態（例如勞動法與土地法）。公法本身再分憲法、行政法與刑法，刑事程序一般來說也劃分在公法之內，部分是因為其與刑法關係密切。民事程序的適當分類為何，仍然是學術討論中備受關注的一個主題，目前通說認為其屬於公法的一部分。

私法則是由民法和商法組成，其中以民法最為重要。民法是大陸法傳統中最古老成分——羅馬民法——的現代化身。在教會法庭逐漸喪失世俗事務管轄權之前，民法始終與

教會法處於一種共生共存的關係。當審判系統世俗化以後，民法存續下來，在內涵上因受惠於教會法而豐富許多，而後者則失去了其大部分的世俗意義。如今商法受到民法的吸收也是類似的發展趨勢。

回想第一章內容，商法最初是商人們為了管理自身商業事務而創造的獨立審判系統，有自己的規則和習慣、自己的法庭與法官、自己的審判與執行程序、自己的管轄領域（constituency），不隸屬於民事、刑事或教會等正式的審判系統。不過商法的這些獨特性已經漸漸消失。隨著民族國家的興起，商事審判也「國家化」了。民事程序法延伸至商事法院的程序。漸漸地，獨立商事審判權的概念開始淡化。今日在某些國家，甚至連名義上的獨立商事法院也不復存在。而其他國家在事實審階段中雖然名義上仍有獨立的商事法院存在，但其與普通民事法院的唯一區別只在於，審判時會有一名商人與民事法官同坐審判席。在上訴審階段，兩者就沒有任何區別：審判民事上訴案件的法院，也審判商事上訴案件。此種系統下的商事法院已經不再是獨立法院；它只不過是民事法院系統中一個特別的下級法院。

在大多數大陸法國家中，商法一直是獨立商法典的內容，但這種情況也在消逝當中。瑞士與義大利均已廢除獨立商法典，將其內容納入民法典中。

獨立的商法講座仍然存在於大學之中，大陸法世界的法

律圖書館也存有大量的商法文獻，然而，民法法律人卻漸趨主導。他們是整個私法領域（以及大部分公法領域）的理論奠基者。商法的學理接受民法學者的研究成果並引以為據。經過一段漸進但卻明顯無可阻擋的過程之後，商法在私法領域的地位已無法與民法相提並論，反而更像是民法的一個分支或當中的一個專門領域。民法漸與私法同義；而商法則正在「民法化」。

　　隨著民法居於主導而商法日漸式微，有如從前民法經由教會法獲得充實的過程正在進行。總體而言，民法傳統上視個人間交易為孤立的法律事件。相反地，商法卻將商人的交易視為商事活動的一環。幾個世紀以來，這種差異造成規則和實務作法的歧異。而現代工商業國家自然比較支持商法的作法而非民法，而此過程也不免被稱為私法的「商法化」。

　　因此，私法主要是由兩個共生共存的領域構成，民法因「商法化」而豐富；商法則因「民法化」而受有減損，並處於式微之中。整體趨勢是朝向幾與民法同義的統一私法體系發展。大陸法傳統中最古老的子傳統持續存在，但是卻愈來愈受質疑。有大量文獻論及私法的公領域化、公法的私領域化、國家的刑法化[1]以及程序的憲法化等等。被認為具有本

---

1 譯按：原文為La pénalization de la République，取自GARAPON, Antoine et SALAS, Denis, La République pénalisée, Paris: Hachette, 1996，特別感謝Professor Pérez-Perdomo提供資料來源。

體論特徵的範疇受到挑戰，而其效用也備受質疑。我們將於
其後以專章對大陸法傳統的各個分類進行反思。

# 第十五章
# 法律專門職業

　　一如第十三章和第十四章所述之審判權與法律的劃分，大陸法世界中職業法律人的分工也呈現出普通法世界不熟悉的特徵，特別是對美國職業法律人而言。美國人通常認為，所謂法律職業，是一個單一的整體，在他們心中，一個法律人無論正在從事何種法律工作，都仍是法律人。儘管許多年輕畢業生是從私人律師（private lawyer）、公職律師（goverment lawyer）或企業法務人員展開職涯，並且終身以此為業；但對他們來說，不同法律職業之間的轉換是司空見慣之事。法律人終其一生可能從事多種法律工作。他們從法學院畢業後可能花一年左右時間擔任州或聯邦法官的助理。他們可能花一些時間待在地區或是檢察官辦公室，或待在州或聯邦政府機關的法律部門；或者可能加入企業的法務部門。之後他們可能自己執業，如果事業成功的話，最終可能有機會被任命為州或聯邦法官。大部分美國人認為法律人自由轉換職務十分正常，也不認為轉換其他類型的法律工作有必要接受特別訓練。

在大陸法轄區情況則有所不同。年輕的法律系畢業生必須在眾多不同的專門職業中做出選擇。他們可從法官、檢察官、公職律師、辯護人或是公證人展開職業生涯。他們必須及早做出抉擇，然後從一而終。儘管理論上他們可在這些職業之間轉換，但這種轉換並不常見。最初的決定一旦作成，在大部分情況下便成為一輩子的選擇。進入這些職業，幾乎都是從最底層開始，而且升遷除了考量功績之外，也常同時考量從業年資。在其他法律職業累積的資歷，並不會讓人享有領先地位或任何形式上的升遷優勢。結果，許多年輕法律人很快發現自己困在某個職業之中，轉職成本甚鉅致使脫身不易。

一個可預見的結果是，職業之間的界線愈來愈明顯。從事某種法律職業的人開始覺得自己與別人不同。他們發展出自己的專業技能、自己的職業形象、自己的職業團體組織。與美國單一整體的法律職業相比，在大陸法國家中不同法律人之間的對立、審判權問題以及溝通不良可能更為常見。英格蘭因有訟務律師（Barrister）和事務律師（Solicitor）之分，所以較為接近大陸法的模式，但其法律職業的隔閡和僵固程度依然遠遠不及大陸法世界普遍可見的情況。大陸法國家中政府機關各種法律職務常見的官僚化問題，要比普通法世界嚴重許多，普通法世界各種職業平行間的流動十分便利，因而衍生出相當不同的執業門檻和升遷模式。

最初選擇的職業往往就是終身職業，以及不同法律職業之間因此形成的顯著隔閡，產生了許多大陸法法律人不樂見的結果。職業的抉擇經常在選擇基礎未臻妥適的情況下作成，年輕法律人對各種法律職業的接觸，並未充分到足以明智決定最適合他們自己的職業。而法律職業之間的隔離，以及僅認同某種特定職業興趣和功能的傾向，助長了侷限的狹隘態度和法律職業的巴爾幹化。諸此部分說明了何以某些國家的法律畢業生必須接受一定期間的實務訓練，在參與司法實務、公職律師與私人事務所的工作一段特定期間後，才能獲准從事任何法律職業。這種制度在德國發展得最為充分，德國法律畢業生完成大學法學教育之後，必須再花兩年時間進行此類實務訓練課程（稱為Referendarzeit）。

上述的現象可在司法機關找到明顯而有趣的實例。想成為法官的學生從法學院畢業（或在要求的實務訓練期間）之後，即向司法機關提出申請；若經錄取（通常根據競爭激烈的考試結果決定），他們將進入這門職業的最底層，在有些國家，則是進入專門的法官訓練所，但一般來說他們會被分發至國家偏遠地區的最基層法院。憑著年資和功績，他們將在司法科層結構中逐漸升遷至更理想且更具聲望的職位，最後退休。通常，他們只會和司法機關的其他成員競爭理想的職位。儘管理論上最高層級法院——最高撤銷法院或同等級的法院——其職位可由傑出的執業律師或教授擔任，但實際

上甚為罕見。最高法院如同下級法院，往往只從職業內部拔擢人員任用。一般來說，法官除了在大學畢業後的必要實務訓練之外，不曾執業或從事其他的法律職業。他們在職業上或社交上的往來通常會傾向以其他法官為限。他們只會從法官的角度看待法律。他們屬於專業人士。

檢察官同樣屬於公僕，他們基本上有兩個主要功能。第一是擔任刑事訴訟的公訴人（prosecutor），在法院對被告提起公訴，就這點來看，大陸法的檢察官就像美國一般州的地區檢察官（district attorney）。不過，他們的第二個主要功能相當不同。他們被要求在私人間司法訴訟程序中代表公共利益，因此他們甚至可在事實審階段介入各種一般咸認只涉及當事人利益的私法事務訴訟行為。他們還可依據法律規定，在事實審階段介入其他事務，特別是涉及到個人身分和家庭關係的訴訟。最後，有些國家也會要求檢察官到最高層級的普通法院蒞庭，於訴訟中提出自己認為適當的法律解釋和適用觀點。背後原理在於，這些法院的首要功能為正確解釋和適用法律，而系爭案件的當事人不一定能夠提出所有論點，因而法官需要檢察官的協助，以確保公正法律觀點之提出。

年輕的法律系畢業生想成為檢察官，通常需在離開學校或完成實務訓練後不久，參加這門職業的國家考試；如果通過，便可進入檢察官體系的基層，並在其中展開終身的職業

生涯。近來在大陸法轄區，檢察官職業有「司法化」的趨勢，意指鑑於檢察官的職責類似司法，他們應該享有類似於法官的獨立性與終身職保障。這種趨勢在一些國家已發展至一定水準，特別是義大利，檢察官為司法機關的一分子。然而，即使是這些國家，法官和檢察官在司法系統中的工作仍為各自獨立；儘管在趨勢上，二者的功能最終可能合而為一，但畢竟尚未成為現實。特別是檢察官與執掌檢察事務的司法部門，兩者之間的關係一直不同於法官與司法部門之間的關係。不過，檢察官署的司法化應有助於法官與檢察官兩種職業間的流通性。

一些大陸法轄區中並不存在所謂公職律師（government lawyer）一職：個別政府單位或機關擁有自己的法務人員（legal staff），但其任命、升遷、薪資、工作條件和福利各不相同。公職律師專為特定機關或單位服務，在身分上屬於其所服務之機關或單位，而非某個公職律師團體。另一些國家則是設立公職律師部門，專為所有國家機關提供法律服務。即使是前者，任命與升遷均已科層化和法制化。而無論何者，法律職業之間水平流動困難往往使得公職律師困於既有的職業之中。一如法官和檢察官，有志公職律師的學生在完成的法律教育和實務訓練後參加國家考試，然後進入該職務體系的基層。一般情況下，他們終身以此為業。

大陸法中的advocate（辯護律師），最接近美國的

attorney-in-law（法律事務代理人）。此職業再細分的子專業（如法國的avocat和avoué；義大利的avvocato和procuratore）已漸行消失或正快速失去重要性。辯護律師會見客戶並為他們提供建議，或是在法庭上作為其代理人。他們也有可能協助客戶業務或財產上的規劃。他們可能出身大學法律系，而且通常會在資深律師的事務所實習一段時間。

傳統上，辯護人通常在法律事務所執業，其為所中唯一的資深律師，另有一、兩名較資淺的律師協助。有些國家禁止合夥執業，但歐洲的整合與全球化改變了這種情況，類似美國的那種法律事務所開始出現在大陸法世界的主要城市中。在這些事務所中，有些真的跨越國界，分支機關散布數個國家，或為美國或英國大型事務所的分支機構。但即使是小規模事務所也往往會與外國法律事務所合作。許多歐洲和拉丁美洲國家的首都普遍可見使用數種語言進行溝通和書寫的法律事務所。

企業法務部門同樣受限。例如法國，企業法務過去不被承認是律師，而是劃歸為法律顧問（conseillers juridi-ques），如今新的規定消除了此種區分，現在avocats、avoués與conseillers被認為均屬於相同的職業。過去的限制是因「自由業」的形象，亦即律師可以完全獨立選擇接受或拒絕客戶，並可自己決定如何處理客戶的事務。

一般來說，所有執業辯護律師都必須是律師公會的成

員，這些律師公會通常為官方所承認，並且有權訂定職業規範，包括收費標準。如在美國和其他地方，執業律師公會成員很有可能參政以及擔任高階公職。儘管國情不同，很多大陸法國家高階官員出身執業律師的比例與美國一樣高，或甚至更高。

如果大陸法的辯護人近似我們的執業律師，那麼大陸法的公證人與普通法國家的公證人則僅只是表面相似而已。大陸法公證人與普通法公證人的歷史淵源相同，但是此二種職業的發展路線十分不同。美國公證人的角色微不足道，而大陸法公證人的角色則是舉足輕重。

一般大陸法國家的公證人有三項主要職責。第一，草擬重要的法律文書，例如遺囑、公司章程、土地讓渡書以及契約。雖然辯護律師有時也會參與法律文書的草擬，但在大陸法國家，後續還是會由公證人接手，繼續完成大部分的工作（儘管公證人在此領域已占有一席之地，但是辯護律師和公證人的業務仍有些許衝突）。

第二，辦理文書公證 一份經公證的文書（大陸法國家稱之「公文書」）具有特殊的證明力：確證文書的真實性，以及文書所載內容即為當事人表述以及公證人見聞的內容。與公文書陳述內容相矛盾的證據，在普通法律程序並不被承認。如欲質疑公文書的真實性，必須為此提起專門訴訟，但此類訴訟甚少有人提出。

第三，作為公家的檔案部門。公證人製作每份文書均須保留正本，而且也須依申請提供經認證的副本，一份經過認證的副本通常具有與正本相同的證據價值。

公證人的地位通常幾近獨占。典型的大陸法國家通常劃分許多公證區，每個公證區僅有一定數量的公證人有權公證。不同於律師能任意拒絕或接受客戶，公證人必須服務每位上門的客戶。此點再加上作為檔案單位的功能以及獨占地位，使得公證人兼具公私領域的職能。成為公證人十分困難，因為公證單位職缺相當有限。公證職位的候選人通常必須是大學法律系畢業生，而且需要先在公證人事務所見習。通常，有志於此者必須參加國家考試，假如通過，將在職位出缺時得到任命，不過在某些國家，取得公證人資格者還必須要向職位所有人購買該「職」。公證人通常會有全國性的公證人組織，功能如同辯護律師的全國律師公會，還有法官、檢察官與公職律師等專屬組織。

最後我們要談學術法律人，也就是在法學院任教並撰寫法律學理的一群，如第九章所述，他們深深影響大陸法傳統中法律運作過程的每一個面向。他們是古羅馬時期法律顧問和中世紀學者傳統的繼承人。在大陸法傳統的某些歷史時期，他們的意見具有權威性，可以拘束法官。除此之外，一般認為法律學者是針對整個法律職業進行根本思考之人。他們在書籍和文章表達的意見，以及對於訴訟上或立法中具體

法律問題的見解，特別是涉及基本法典的部分，其重要性遠大於普通法世界學術法律人的著作。

要在大陸法的大學成為教授並不容易。獲派一個空缺教席是一段漫長、艱辛而又充滿風險的過程。有志學術的年輕人首先要成為教授的助理，有時支薪，有時無償。最後，在達成或多或少的形式要求並且發表專書後，他們將參加國家考試，以獲准成為「兼任教師」（private-docent）。一旦獲得此一頭銜，他們就會被認為有資格擔任學術職。如有教席出缺，他們要與其他兼任教師競爭，如果職位十分吸引人，就連出任教席聲望較低之教師都有可能加入競爭行列。他們在這段過程中的前進速度取決於所跟隨教授的影響力，以及他們本身展現的學術能力。這種所謂的爵位制賦予教授倨大權力支配年輕學者的前途，結果便是學術界由教授及其所帶領的助理群組成，這些助理被期待依照教授的方式思考和工作；「學派」便因此形成並發展。教授期待助理在學術與個人層面的忠誠，他們擁有影響助理前途的能力，因而能夠如此要求。

追求學術成功的不確定性很高，很少人有能力孤注一擲。加之，許多大陸法國家也未期待教授將全部或大部分時間投注於法學院，特別是拉丁美洲國家，他們的報酬多寡反映了此一假設；不論從何種標準衡量，當地教授的薪水都算偏低。一般來說，教授的工作是每週講課數小時，並（在助

理的協助下）每年舉行兩、三次考試。不過，這些工作的報酬沒有辦法讓他們過上富足的生活，於是他們將大部分時間——一些用來從事另一份法律職業——通常是在業界、司法界或政府部門——一些則用來進行自己和助理們的研究。雖然在部分大陸法國家，教授是全職的教師學者，例如德國；但這些是原則的例外。趨勢是朝著專職的方向發展，不過目前仍只是趨勢而已。

因此有志學術職者一般都會再從事其他法律職業，一方面是為防備在學術界可能遭遇失敗，另一方面即使他們從教席的競逐中勝出，此仍可作為額外收入來源。教授並非全職，而且也不被期待如此。他們通常身兼執業律師，教授頭銜的聲望對他們而言可能是最為重要的，因為這會為法律事務所帶來案源。擁有教授頭銜的辯護人會吸引到重要的客戶，而且也有機會應其他法律人（也包括法官）要求，針對法律問題出具意見，並獲取相應的報酬。

法律教授兼為執業律師的傾向，在普通法法律人看來是一種奇特的職業精神分裂症。作為律師，他們要務實、具體並且結果取向，他們對問題追根究底，不管法律領域之間的界線，他們要對事實有敏銳的意識，他們尋找並引用司法判決，他們必須是堅定支持特定一方的強悍辯護人。作為教授，他們要以主流的學術方式進行書寫與授課，並在法律科學的核心傳統之中工作，他們的著作和教學均顯現大陸法世

界典型法律研究的特色，而由於他們也是執業律師，他們甚至會誇大這些特色，以平衡自己從事實務的面向，因此他們在學術上表現尤其積極，以與其擔任辯護律師的實務工作分庭抗禮。他們的生活被分成兩個各自獨立的部分，他們分別採取不同的專業性格以為因應。

綜上所述，大陸法傳統法律運作過程的主要角色便是：法官、檢察官、公職律師、辯護律師、公證人以及法律學者，各有專業。大陸法的法律職業明顯各自為政，相較之下，普通法國家的法律職業則較顯統一整體。這點差異十分重要，同時反映並強化兩種法律傳統之間更為基本的差異。這些差異只要回顧大陸法法官與普通法法官之間的不同，就能清楚說明。

我們已在前幾章看到，大陸法法官在法律運作過程中被貶為相對次要的角色。根據成規思維，他們的工作在某種意義上只是照章辦事。他們並不創造或制定政策；他們適用他人創造和制定的規定，且是根據他們指示的程序進行適用。因此，儘管司法組織性質特殊，但給外界的印象，在許多方面仍十分類似其他公務機關。新人進入最基層，依據年資與功績升遷，也有固定的升遷與定期績效考核程序。由於司法工作被視為照章辦事、不具創造性，因此可以安心交付予沒有經驗的年輕人。的確，這些人在職涯初期僅是擔任初階的司法職務，隨著經驗累積，才會逐漸接手比較重要的事務。

但真正使他們足以肩負重要事務的，正是司法的實務經驗，其他法律專業領域的經驗並不算數。

法官的一般形象往往是自以為是的。法官職業對於抱負不大、追求安定的人具有吸引力，而這種人不太可能在執業律師或學術職位的競爭中勝出，他們的工作條件和薪資水準也符合這種形象，因此，優秀的法律畢業生往往會尋求其他職業。不可否認仍有十分優秀的法官，但是頭腦最好的法律人往往在其他地方，特別是在律師界與學術界。法律職業有嚴明的階級結構；而法官位於較低的階級。

因此，法官在特定國家內的地位，相當如實反映出法律運作過程自革命運動以來清晰依舊的形象，而且在法律科學的推波助瀾下得到強化與進化。在傳統影響力強的地方，如大部分的拉丁美洲國家，司法的地位依舊很低。此結果又因社會階級意識而有所強化（並更加複雜），上層階級因為受過最好的教育而且結交具有影響力的朋友，往往具有從事並主導律師業和學術圈的優勢。從事司法職務者，通常是從底層社會晉升至中產階級之人。

然而，一如許多大陸法國家，革命運動的極端法律運作模式已然失勢，法律科學對法律人影響力也漸行減弱；目前可以察覺到的趨勢是朝向高品質與高地位的司法機關發展。的確，這種傾向在普通法院系統以外特別明顯，其中最著名者，為最初出現在奧地利、德國、義大利與西班牙的憲法法

院（詳見第十八章），而後也為其他國家採用，並發展成為行政法院，如法國國家委員會下的司法部門。同時，國際性的法院如歐洲法院、歐洲人權法院及美洲人權法院等，也成了重要的法律與政治角色。不過即使在普通法院系統之中，法官的權力——以及隨之而來的地位——也已有所提升。法國司法機關在拿破崙法典缺乏規定或未臻妥適之處所作的創建與發展，實為眾所周知；義大利普通法院法官對於民事或刑事訴訟提出的憲法疑義是否「顯無理由」具有先決裁判的權力，是另一適例；司法機關逐漸意識到在判決中對法條進行解釋可能造成法條受到合憲性的抨擊，則又是一例。儘管此一演變不太可能出現普通法法官的複製品，但「司法階級」在法律職業中的地位提升似乎是明顯不過的。

# 第十六章

# 民事程序

正如同民法是大陸法傳統下實體法的核心，民事程序也是程序法的核心。嚴格來說，民事程序法只適用於私法中民法權利義務的司法執行過程。刑事程序的目的與特質以及不同法院系統（如行政法院）的存在，分別造就刑事程序與行政程序的獨立程序主體。不過，大陸法傳統中各種程序上的制度設計同樣都是淵源自羅馬法、教會法與中世紀義大利法，它們也都傾向依循民事程序學者的腳步，進行程序法的形塑與發展。民事程序是程序法的核心與根本，其他的程序制度——甚至是刑事程序——都是根據民事程序所變化而來的形式。

同時，民事程序與刑事程序之間也存有重大差異，刑事程序（特別自革命運動以來）已成為本質上獨立的規範和研究領域。多數大陸法體制的民事程序與刑事程序都有各自的法典，在法學院中，這些課程也被分開講授，並且各自累積的自己文獻。然而，二者基本上依據的理念仍有相通，而諸此理念的發展——程序的一般原理原則——向來被認為是民

事程序學者的的職責，正如同法律一般原理原則的發展（如先前各章所述者）主要是民法專家的任務。

在大陸法轄區中，典型的民事程序可分為三個階段。首先是訴狀準備階段（brief preliminary stage），受理書狀（pleadings）提交並指派聽審法官（hearing judge），通常稱為指導法官（instructing judge）；其次是採證階段（evidence-taking stage），聽審法官進行證據調查並摘要成書面卷證；最後是判決階段（decision-making stage），法官在斟酌聽審法官呈交的卷證、律師的辯論摘要（briefs），並聽取雙方意見之後，作出判決。讀者會發現，以上敘述找不到「庭審」（trial）一詞。一般而言，我們可以說普通法法律人以為的民事程序庭審，並不存在於大陸法世界中，原因在於普通法世界在傳統上可於民事訴訟要求陪審的權利，從未在大陸法世界生根。此一傳統在美國的延續最為穩固，美國大部分轄區均保障民事陪審的憲法權利（普通法世界其他地區的民事陪審制度均已廢除）。

陪審制度的存立深刻影響普通法傳統中民事程序進行的形式。召集一群非具法律專業的公民，聽取證人的證詞，觀察證據，發現事實並依照法官的指示將事實適用於法律，這一連串步驟的必要性促使審理成為一次事件。在單一訴訟過程，陪審團數度召集、延期、再召集，勢必造成諸多的不便與費用。比較合理而有效率的方式似乎是將當事人、律師、

法官與陪審團在特定時間和地點集合，使民事程序中需要共同參與的部分得以一次進行完畢。如此事件即是我們所知的庭審。

　　大陸法國家的民事審理沒有陪審制的傳統，他們發展出的是一套截然不同的方式，其中沒有我們認知中的庭審過程；沒有集中一次性的事件。大陸法國家的典型民事程序，實際上是法官與律師之間一次又一次的會面與書面往來，當中涉及證據採用、證詞供述、程序動議與裁決作成等等事項。諸此在普通法轄區一般會被集中成單一事件的事務，會被拆分成與職司採證的法官之間多次的會面與書面往來。比較法學者評此一現象，提及普通法國家的庭審制度有「集中」情況，大陸法國家則缺乏此種集中性。大體而言，我們可以說大陸法法律人偏向較為集中的制度，而且大陸法轄區也有朝更為集中發展的趨勢，只是發展程度不一（奧地利與德國似乎進展較快）。然而，大陸法傳統相對上仍然較不集中。

　　缺乏集中性產生了一些有趣的副作用。首先，書狀的內容十分概括，爭點也是隨著程序的進行而逐漸具體化；這點與普通法轄區極為不同；普通法轄區為求集中審理，書狀及審前程序必須已有精準具體的爭點，此為必要的準備工作。基於類似理由，大陸法律師在民事程序的採證階段為準備出庭所花費的時間往往較少。出庭通常僅為詢問一位證人，或

提示一兩項證物。訴訟初期準備整個案件常對普通法律師造成壓力，但對大陸法律師來說並無壓力，受到突襲的風險降至最低，因為每次出庭時間相對較短，而且也只處理整個案件的一小部分，律師有充足時間來準備下次出庭的回應。缺乏集中性，也解釋了證據提出（預先知會對造證人與證物）與審前程序（與對造律師和法官針對相關事項進行初步協商）在大陸法傳統中重要性較低的原因。證據提出較非必要，因為從突襲觀點而言，不太會有技術上或策略上的利益存在。而審前程序不具必要性的原因在於，沒有庭審過程；某種程度上，民事程序前兩階段的每次出庭均具庭審與審前特徵。

傳統民事法程序的第二項特徵是，採納證據與準備卷證摘要者並非判決案件的法官。我們已在第二章看到，當代大陸法世界中程序上的具體建置深受中世紀教會法的影響。在教會法的程序中，採證工作是由書記員（clerk）執行，法官就是使用書記員製作的書面卷證進行判決。此一程序最終演變成為現有程序的採證階段，由一位法官負責指導，不過，案件的判決通常仍由另一位法官，或由包含採證法官在內的一組法官來進行。比較法學者習於將此種程序對比普通法中常見的制度，普通法法官與陪審團判決案件乃是直接審理與查看證據。因此，一般稱普通法的審理為「直接」審理，有別於大陸法程序的「間接」審理。在此，比較法學者

同樣傾向認為普通法的制度較佳，大陸法轄區則是持續地朝向直接審理的方向發展。中世紀以這種「書面帷幕」隔絕法官與當事人，確保審判公平並使法官不受利害關係人影響，現已無此必要。相反地，由審理法官以外之人負責準備卷證，如今反而是一種缺陷，因為這會剝奪法官直接視其人、觀其行、察其言的機會。

在間接審理制當中，程序往往主要以書面為之；普通法國家的程序則視庭審為一次事件。在此過程，證人於法官與陪審團面前宣誓並以言詞方式接受詢問和交叉詢問，動議和表示異議通常由律師以言詞提出，法官以言詞裁決之。相反地，大陸法即便是民事程序中的詢問證人，也通常是由法官基於雙方當事人律師書面提交的問題，對證人進行提問。由於實務堅持採證製成書卷與職司判決者各有其人，因此，採取書面而非言詞進行方式有其必要。不過，民事程序朝向直接審理發展的趨勢蘊含言詞審理的發展，而言詞審理的發展也同時受到集中審理趨勢的帶動。民事程序法學者認為這三者相互關聯，而我們也不時在民事程序法改革的方案中，見到要求促進集中、直接、言詞等相互關聯的要素。

大陸法國家詢問證人的是法官而不是當事人的律師，這點有時會使外界感到困惑，致使不少人認為，大陸法法官與普通法法官不同的是，他們決定詢問什麼問題，實際上主導了詢問的內容與範圍。人們將此稱為「職權調

查式」（inquisitorial）的取證制度，藉以對照普通法中的「當事人進行式」（adversary）制度。此種區分有誤導之虞。其實，大陸法與普通法世界盛行的均為「處分權式」（dispositve）制度，提出什麼爭點，提出何種證據，乃至於進行何種訴訟主張，大多是由當事人決定。兩大傳統的法官享有若干固有的詢問權，德國的法律與司法傳統鼓勵法官在程序中扮演積極的角色，不過其他地區的大陸法法官則較為被動。普通法法官偶爾傾向介入，但也僅限於涉及青少年或其他弱勢者的案件，或在公益事件中當事人之代理未臻妥適的情況。在大陸法轄區，類似的情況是透過法律規定，要求一名公訴檢察官（public prosecutor）或類似官員，以公益代表人的身分參與程序。不過，這些均屬特例，一般而言，兩大傳統絕大多數的民事訴訟，當事人均享有程序的主導權。大陸法法官詢問證人，必須是在律師的請求之下進行，且詢問的問題僅以律師提出者為限。

不過，實務上將法官置於律師與證人之間，說明了大陸法傳統中言詞原則的闕如。一般而言，律師在向證人詢問之前，必須先以書面載明「證物」（articles of proof），並說明所欲詢問的事項。這些證物在聽審程序前即先送交至法官與對造律師，而後證人才在聽審當中接受詢問。如此，對造律師（也可能包括證人）將可事先從書面得知聽審程序的梗概，以進行準備。此舉深深影響聽審程序中律師詢問及證

人回應的心理狀態，而律師詢問的任何問題必須透過法官為之，更增強了此一影響的效果。普通法庭審為人熟知的直接、言詞、迅速詢問以及對證人進行交叉詢問的模式，並不存在於大陸法的程序中。

　　大陸法程序對交叉詢問制度尤其陌生。大陸法程序沒有陪審團可以說服，毋需費心質疑證人的可信度（某部分原因可能在於當事人、家屬以及利害關係人——在許多地區依舊如此——均無資格以證人身分出庭）。聽證法官蒐集相關事證係以專業而公正的態度進行，所有問題也都經過法官的過濾。「證據提出」（offer of proof）決定證人供述（testimony）的範圍，並降低了突襲的可能性。對造律師在此程序中的主要活動，僅是就證人列入紀錄之供述摘要的文義精確度，向法官提出建議。

　　就集中、直接、言詞原則這三項相關聯的條件而言，普通法與大陸法程序之間的差異可藉以下例子說明。原告律師可（以書面）向聽證法官主張傳喚證人作證，此一「證據提出」的複本將送交至被告律師。被告律師可表示反對，原因可能是傳喚的證人與原告有親屬關係或業務往來而不適任。接著，由聽證法官安排的聽證會，通常訂於數週之後，律師將遞交書面辯論摘要並於當天以言詞進行辯論。接著，聽證法官將斟酌爭點，並於數週後以書面宣示裁決結果。如果裁決結果支持原告律師主張之「證據提出」，將另訂一期日，

對證人的證詞作進一步的聽證。在普通法法院的典型民事訴訟中，此一連串事件——在大陸法法院可能歷時數週或數月——將縮短成法官與律師之間不到一分鐘的口頭對話。原告律師要求法院傳喚證人；被告律師表示反對並簡單陳述理由；原告律師回應；法官裁決；如經允許，在法庭等待的證人就會被傳喚至證人席。

假設上例中的證人被傳喚作證，聽證法官將會記錄證詞（非逐字記錄）並向書記官口述摘要。在證人與律師均同意摘要正確無誤後，該摘要將列入記錄，送交至行使判決的合議庭法官。合議庭必須依據這份記錄認定事實（並以書面說明認定理由）。即使合議庭包括聽證法官，如在義大利，書面卷證仍嚴格地限縮了事實的裁定。聽證法官如對證人有猶豫不決、可疑行為或明顯不真誠的印象——除非反映在書面摘要中列入記錄，否則——也無法左右事實的認定。在普通法中，陪審團的裁決為摘要性質，且無須就特定事實進行認定。證人行為以及其他各種情境因素，可能而且經常顯著影響陪審團的裁決。如果案件是在我們的法院未經陪審團而係由法官審理，則進行判決的法官便是進行調查並聽審證人的法官。我們的程序容許並要求法官根據其觀察所見以及證人的言詞來進行事實的認定。

許多因素可以說明大陸法與普通法傳統之間在證據法則上的實質差異，其中最重要者，還是與陪審團有關。普通法

轄區的民事訴訟有各式各樣的證據排除法則，此法則決定提出證據的可採性或不可採性，目的（如同它們過去以來的主要訴求）在於防止陪審團受到不實證據的誤導。普通法曾有一項政策規定，證據若不可靠，必須警示陪審團，使其據以評估是否使用該證據，但此規定已遭一致反對。此類證據須一律予以排除。

最明顯的例子就是「傳聞法則」（hearsay rule）。假使證人說他聽到一段對話，有人要求他說明聽到的內容，普通法庭審上的立即反應會是：「反對，庭上，此為傳聞。」此一法則是證人不能作證別人所說的話，說話者應親自到法庭作證，其證詞必須經過交互詰問，其行為要受陪審團檢視等等。因此，傳聞證詞是完全排除採納的。此一法則的可取性時常受到質疑，特別是在沒有陪審團的審判中，且此法則本身也有許多例外；但此一法則仍繼續存在，這使得審理更加複雜，也使得相關證據無法被法院採用。

大陸法轄區並無此類法則，因為大陸法國家的民事訴訟沒有陪審團，但是，這不表示在大陸法程序中證據的提出就毫無限制；相反地，其中存在許多限制與排除機制。不過，這些原則的起源與功能不同於普通法的排除法則。要瞭解這些原則，我們必須回溯至中世紀的「法定證據」（legal proof）制度。

司法程序引進法定證據制度，是歐洲法文明化的一項重

要進展，它取代了戰爭與刑求等在歐洲中世紀早期動盪的封建世界中標準的訴訟審判方式。儘管法定證據制度在我們現在看來既武斷、粗糙又不公正，但在引進此一制度當時，對於司法執行程序的人道化有著顯著的提升，同時也讓司法審理程序在理性求真的道路上，往前邁進了一大步。當時的大陸法法官如同今日，並無太大權力，儘管他們可能想要誠實，但卻無法輕易抗拒各種遊說、賄賂或威脅——特別是權貴人士的威脅。法定證據制度要能運作，須有機制保障法官免受壓力，當時發展出來的機制包括衡量證詞的制式規則、證據排除法則以及決案宣誓（decisory oath）制度（即足以決定系爭事實的宣誓）。

決定證詞的證明程度孰高孰低有套規範法則，但在操作上十分機械化。法院依規定必須根據證人的數量、地位、年齡與性別對其證詞預為評價。為了證明一件事實，須有一定數量的證人為證。貴族、教士與有產階級證詞的證明程度高於庶民、一般信徒與無產階級的證詞，年長者高於年輕者，女性證詞不是被禁止就是證明程度僅有男性的幾分之幾。諸如此類的證據評價規定，預先賦予所有證據一個計算評價（全證、半證、四分之一證等等），其所根據的是當時認為的普遍經驗。

排除法則全然排除了某些人的作證資格，這些人主要是當事人、當事人親屬以及具利害關係的第三人，他們的證詞

基本上被認為不具公信力，因此被完全排除在外。此法則確保當事人免於為了勝訴而作出偽證，同時也能降低法官易受壓迫或賄賂的程度。

決案宣誓的進行方式如下：當事人A可以要求當事人B就其所知的系爭事實作宣誓。如果當事人B拒絕宣誓，則該事實將終局性地作為不利於他的證據。如果當事人B進行宣誓，則該事實將終局地有利於他。當事人B如立假誓約，不只違背宗教誓約，同時也該當刑法偽證罪責以及民事賠償責任。

英格蘭早期民事陪審團的建置，抑制了（也成就了）普通法某些證據採用與評價之限制規定的發展。較之單一法官，一群平民比較禁得起暴力或其他影響力的威脅，尤其普通法規定陪審員必須是與被告地位平等的「儕輩」（peers）。所以，透過形式證據制度來保障大陸法法官的需求在當時並不強烈，而保障陪審團免於不可靠證詞的需求，不僅使得利害關係人失去作證資格，也促成一套採納合格證人特定證詞的限制規定。陪審團在事實發現過程借助決案宣誓機制的用意有二：這是一種有效的事實認定方法；再者，此可降低法官在判定事實時受當事人影響的危險。因此，儘管民事陪審制度已發展出制式化的特徵，但形式證據與決案宣誓制度在普通法的發展無法如在歐洲大陸一般獲致重要地位。

　　這些中世紀的制度設計在現今的大陸法世界仍然留有痕跡。法定證據的機械化操作規則已演變成現代大陸法不容置疑的前提。在一些大陸法地區中，當事人依舊不具有作證的資格。決案宣誓至今仍施行於許多國家（如法國、義大利與西班牙），儘管主要是作為策略性使用。不過整體而言，程序的改革運動一直以所謂的法官「自由心證主義」（free evaluation of the evidence）為其目標。此一運動受到革命運動時期理性主義精神的鼓舞，但其推展因為大陸法法官的整體弱勢以及大陸法法律人對法官的普遍不信任而受到限制。儘管如此，大陸法轄區的程序法學者一般仍是認為自由心證主義為改革所應指向的理想。

　　在美國，如果當事人A對某人提告，無論訴訟勝敗與否，他通常必須支付報酬給自己的律師。在大陸法國家，例如英格蘭，敗訴方必須負擔勝訴方的律師費。儘管此種「敗訴方付費」的規則看似較為公平，也為實務所接受，但它也另外造成了負面的結果。為了避免敗訴方承受不合理的律師費負擔，法院對法律服務有一公定的費用標準。勝訴方的律師提出報告列載其所履行的法律服務，法院再根據公定標準來斟酌敗訴方必須支付多少費用。當然，律師可向客戶約定更高的費用，超出部分就由客戶負擔。律師從訴訟結果求取金錢利益一向被認為不合倫理，因此所有大陸法轄區都禁止收取勝訴酬勞。美國廣為使用勝訴酬勞的現象，令不少大陸

法律師吃驚，不過也有不少人將其視為一種律師費用的補助。

一般而言，大陸法轄區均有上訴權（a right to appeal），「Appeal」一詞在此有非美國所熟知的特殊意義，也就是一種主要針對事實審法院法律上錯誤的更正方式。而在大陸法傳統中，上訴權包含要求重新審理事實爭點及法律爭點的權利。儘管一般的作法是將事實審的卷證作為案件重新審理的事實基礎，但在許多司法轄區，當事人有權在上訴階段提出新證據，而上訴審法官應親自通盤考量所有證據，並據以獨立認定和評價事實。同時上訴審法官也被要求針對事實爭點和法律爭點，提出經過完整論理的意見。

普通法在民事訴訟中使用陪審團，明確禁止上訴審法院審查事實爭點。陪審團不針對特定事實作認定；他們可以也時常審查證人行為及其他情境因素；他們不須證成（亦即說明）其裁決；其程序也非以書面進行。若上訴審法院能逕予認定事實，那麼陪審團的作用將被架空。是以，只要在卷證中有任一事實足以支持陪審團（或事實審法官）的裁決，普通法轄區的上訴審法院就會予以尊重。

除了上述的狹義上訴權之外，不服判決的當事人一般有權向更高審級的法院要求進一步的聽審，有些國家（如法國和義大利）稱此程序為撤銷發回制（recourse in cassation）；有些國家（如德國）則稱之為撤銷改判

（revision）。無論稱法為何，作用大同小異：針對案件涉及的所有法律問點，給予一權威性、終局性的決定。換句話說，這兩種制度與普通法上訴審法院的功能接近，原則上僅考慮法律問題。不過，由於歷史背景不同，二者仍有若干差異。

回想第七章論及極端的革命意識型態認為法院不該具有解釋功能，以及法國建立不具司法性質的撤銷法庭，專事處理法院提交的法律解釋問題，以減輕立法機關提供權威法律解釋的負荷。多年下來，撤銷法庭已成為公認的法院，不僅在法國如此，所有仿效法國模式的轄區亦是如此。在這些轄區中，最高撤銷法院為最高層級的普通法院，具有確保法律獲得正確遵循以及法律解釋統一的功能。德國、奧地利與瑞士則是歷經略為不同但大致類似的過程而發展出撤銷改判制。儘管其與撤銷發回制之間存在許多重大差異，但兩者的功能卻是相仿。位居普通法院系統頂端的上級法院，有權審查下級法院的判決，以確認判決是否正確地解釋並適用法律。一如法國，奧地利、德國與瑞士法院也職司確保法律解釋統一的功能；因此，儘管在理論上判決不能拘束呈審法院本身，也不拘束下級法院，但這些判決卻是整個普通法院系統解釋法律條文意義的最終定奪。

一般而言，大陸法轄區不存在個別的協同意見或不同意見，即使在上訴階段亦同。儘管有例外，法律意見原則上是一致而且匿名的，即使有反對意見也不予註明，而且法官如

果表示他們的立場與法院公告的判決不相一致，會被認為不合乎職業道德標準。近年來，有些大陸法轄區的憲法法院開始註明不同意見與協同意見，甚至將這些不同意見予以公告，不過普遍的態度仍為，法律是確定的，而且也應該給人如此印象；註明與公告不同意見會破壞此一確定性。

有些國家偶有不滿的法官透過在法律期刊發表文章的方式來規避這項原則。儘管文章係以學術或「科學」的形式呈現，但任何人——律師與同儕法官——均知，此文是作者向法律社群表達不同觀點的方式。

大陸法與普通法傳統另一個基本差異在於強制執行的程序。大陸法轄區並沒有類似普通法的民事藐視法庭（civil contempt of court）觀念。我們在前面第八章提到，在普通法中一個人會因為藐視法庭——亦即，拒絕服從法院對他（她）這個人所下達命令——而被強制從事或不從事某行為，否則將受監禁或罰金的制裁。一般認為普通法有各式各樣十分有效的對人（in personam）處置。相形之下，大陸法就沒有所謂的民事藐視法庭，而往往僅對物（in rem）來加以執行，也就是說，不論一個人向另一個人主張何種請求權，其得償請求的唯一方式僅有獲得金錢判決一途。此一差異反映在法律運作過程當中，影響及於諸如契約（contract）在法律上的定義。根據大陸法傳統，無法轉換為金錢的約定（a promise）不會產生法律上義務；如果約定

無法透過金錢來執行（此情況不太常見），則該約定就沒有被執行的可能。

　　法院缺少對人處分的權力，也影響到大陸法傳統民事程序的各個面向。大陸法法院強制要求出示文件、商業記錄以及其他證明，或強制一方當事人或其財產接受調查的權限，遠小於普通法轄區法院。民事程序中司法的救濟途徑幾乎僅限於被告可供執行的財產（如對被告的財產進行扣押與拍賣、將特定財產交付請求權人或逐出財產之外等），或由第三人代為履行並由被告負擔費用的行為（如拆除非法建物）。在大陸法中，如有人於民事訴訟中違反法院合法下達的命令，當事人可對其請求損害賠償（如法國的司法怠金（astreinte）），但法官沒有處罰權限，法官至多能命犯罪者受到刑事上的訴追。唯一的例外似乎是拉丁美洲的amparo，一種保障憲法上權利的禁制令，賦予法官權限逮捕不服從法院命令的人。相較之下，普通法法官就能在民事程序中以藐視法庭為由而逕予處罰。

　　如果我們跳出來觀察此兩大法律系統的民事程序，兩種略為不同的意識型態輪廓便會浮現。在普通法世界中，法官為一權威性的角色，主導著一個由法律與衡平法理相結合的審判系統（不要忘記衡平法院原為代表國王良心的法院），傳統上訴訟的審理是在陪審團面前進行，陪審團係由原告與被告的街坊鄰居組成，代表社群的普遍觀感與價值觀，法官

能以民事制裁權命人民作為或不作為，並於人民拒絕履行時處罰之。這整個程序充滿了道德的色彩，當事人在父母官和鄉親父老面前各申己見。相對於此，在大陸法傳統中，法官乃位居要職的公務員，但他們不具有普通法法官享有的任何權威性手段和父母官性格，當事人與證人可以違背法院命令而毋須擔心遭受嚴重的處罰，也沒有鄉親父老組成的陪審團進行公評，並表示支持或反對。大陸法傳統的世俗化較為澈底，道德色彩較低，也較不拘泥於特定時空的倫理價值。

此一表面上的基本差異十分清楚地呈現在損害賠償法理之中。在普通法世界中，民事訴訟對原告的惡意或過大過失行為，課予刑事損害賠償（penal damages）、加倍損害賠償（multiple damages）以及所謂的一般性損害賠償（general damages，即超出可證明範圍的損害賠償）等，為十分稀鬆平常之事。然而在大陸法傳統下，原告鮮少能從民事程序獲得這類損害賠償，民事與刑事的界線劃分十分明確，道德上可非難的（即惡意或重大過失）行為屬於刑法規範，而非民法。在民事審判中，原告的救濟原則上僅止於補償所受損害，如果被告行為在道德上有必要接受社會的評價，則必須經由刑事法的程序來進行，而且因有行為時法律不以為罪即不得予以處罰的原則，被告享有不受武斷或過度刑罰的保障。而在多數西方國家的刑法中，此類的刑責僅以法條有明定者為限。

# 第十七章
# 刑事程序

　　儘管革命運動深深影響大陸法傳統的各個層面，但其影響在公法最為明顯可見，而在公法領域，對舊制度（*ancien régime*）的批評以及要求改革的聲浪主要集中在刑事程序領域。十八世紀催生革命意識型態的作家與哲學家，大多曾對刑法與刑事程序的慘境表示過意見，此一領域最為重要的改革者為貝加利亞（Cesare Beccaria），氏著《犯罪與刑罰》（*Of Crimes and Punishments*）在1764年於歐洲造成轟動，後來成為西方歷史上影響刑法與刑事程序最鉅的著作。

　　西方資本主義之大陸法國家，其刑事實體法與英美法國家差異不大，相同類型的行為皆被視為犯罪，整個西方文化對於一般處罰方式的討論與爭辯也大致相仿，不過，在刑事程序上卻有若干重大操作上的差異。從革命運動對刑事程序的改革，可以看出革命運動時期各種前因後果在大陸法傳統中的影響範圍十分驚人，只要回顧貝加利亞著作的主旨與架構，即可清楚說明這點。

　　貝加利亞一開始就確立「無法律即無犯罪」（nullum

crimen sine lege）與「無法律即無刑責」（nulla poena sine lege）原則。正他如所說的：「只有法律能決定犯罪之處罰；而制定刑法之權只能委諸立法者，因為他們代表著透過社會契約而結合的社會整體。」因此，根據貝加利亞的說法，犯罪與刑罰只有透過法律才能成立，而他所謂的「法律」指的是「成文法原文」。接著，貝加利亞開始討論法律的解釋。他的立場是，「在刑事案件中法官無權解釋刑法，因為他們並非立法者」。甚至，「過度拘泥刑法字義所可能造成的混亂，還比不上法官的解釋。……一旦法典確定，就應扣緊字面本身，法官僅能決定一個行為是否該當成文法律的規定。」在同一段落中，他指法官為「眾多暴君形成的專政」。其後在關於法律模糊性的章節中，他又說道：「若法律解釋權是一種惡，那麼法律的模糊性便是另一種惡，因為前者是後者的果。法律如果使用人們看不懂的文字表述，則此種惡將會愈加壯大；人們由於不了解自身行為的後果，而必須求諸少數法律解釋者，致使法律分殊而特異，不再普遍而通用。」貝加利亞進而確立兩個基本原則。首先，犯罪與刑罰之間應呈現一定比例，關係愈重的犯罪才能受到愈重的刑罰。第二，刑罰應一體適用於所有罪犯，不分其社會地位、職位或財富。

讀者會發現這些觀察非常類似於第三章所述革命運動法律傳統的一般特徵，充滿了國家實證主義、理性主義以及世

俗自然法學派對人權的關懷。值此同時，類似於貝加利亞所述的原理原則也影響著普通法傳統的刑事程序發展。不過，一個不同的地方是，這些原則在歐洲被強調是（或被誇大成）法國大革命的產物，以及那場革命所影響大陸法世界法律與國家理念的結果。因此，即便在今日，我們都可發現大陸法轄區更為強調每種犯罪與每項刑罰均應透過立法機關以成文法形式加以規定。對大陸法法律人而言，普通法法院似乎每天都在違反此項原則：他們在民事訴訟中會裁決刑事損害賠償、加倍損害賠償或一般性損害賠償，他們也宣判人民犯有「普通法」之罪，他們還以藐視法庭為由草率懲罰人民。兩大傳統另一重要區別在於大陸法世界早期對刑罰學（penology）的改革。在貝加利亞與其後繼者的影響下，托斯卡尼在十八世紀即廢除死刑，而後來催生微罪輕罰的根本性改革也在歐洲各地風起雲湧，遠早於英國與美國的類似改革。

　　明顯地，對於法定原則——也就是無立法即無罪刑——的強調，再加上以一種人人皆可閱讀的法條文字形式來呈現的訴求，理應造就刑法的法典化。事實上，在革命時期的法國，第一個被法典化的目標就是刑法，而當時也確實編出了一部刑法典。法典化正當性的存在，於刑事法與刑事程序的領域最為顯而易見。然而一旦此一正當性存在於刑法領域，便很容易延伸至其他領域，特別在一個法官不被信任，而代

議立法機關被視為英雄的法律傳統之中。誠如我們所見,此即為大陸法世界在整個革命時期的情況。

關於兩傳統的刑事程序,最常見的比較之一是大陸法傳統為「糾問制」(inquisitorial),而普通法傳統則是「控訴制」(accusatorial)。儘管此種泛論未臻精確,且就當代的刑事程序制度而言亦有誤導,但若從歷史脈絡觀之仍堪稱允當。在某種程度上我們可說,大陸法世界的刑事程序在過去兩百年一直致力於遠離糾問制度的極端與弊端,而同一時期的普通法世界則是努力遠離控訴制度的弊端與極端。換言之,此二種刑事程序正從不同方向整合,朝向大致相仿的混合制。

我們先來探討控訴制,人類學家普遍認為這是社會演進過程中用以取代私力報復(private vengeance)的第一個制度。在此制度下,有權採取行動的人是受害者,即控訴人。此一控訴權隨即擴張至控訴人的家屬,並且隨著社會連帶(social solidarity)概念以及保護群體需求的演進,而擴及至該群體的所有成員。一位經選任的主持官員負責聽取證據、定罪與判刑;然而,此人並無權發動控訴,也無法決定要提出哪些問題與證據,也不享有調查權,這些事務係由控訴人與被控訴人一方掌控。刑事審判是控訴人與被控訴人之間的角力,法官則是裁判。一般來說,審理程序是公開進行並以言詞為之,而審理前也不進行任何正式(如司法或警

察）調查程序或證據準備程序。

中世紀大陸法的刑事程序亦為控訴式。十三世紀卡斯提爾（Castile）王國的重要立法匯編《七章法典》（*Siete Partidas*），描述其刑事程序為控訴制；法官僅在犯有欺君之罪（lese majeste）的案件中才擁有糾問的權力。糾問程序是之後從教會法院審理異教犯罪的案件發展出來。受到此教會法程序以及十六世紀國家主義興起的影響，所有歐陸國家的刑事程序均變為糾問制。

糾問制度通常代表社會的演進自私力報復制以來又再邁前一步，其主要特色為：第一，減少或消除私人控訴的數量並以公務員起訴取代私人控訴；第二，法官由公正不阿的裁判轉變成能自由取證、並且掌控糾問進行與對象的主動糾問者。此外，當事人間地位相對平等也是控訴制度的一項特色，早期由兩人在一位公平仲裁者面前角力的情形已然澈底改觀，如今，此種角力是存在於個人（被控訴者）與國家之間。歷史上，糾問程序往往以秘密和書面方式進行，而非以公開與言語方式為之，結果造成權力不對等，再加上書面程序的祕密性質，容易產生制度的壓迫，受控訴一方的權利很容易遭到國家的恣意侵害。普通法世界同樣惡名昭彰的類似實例就是星室法庭（Star Chamber）[1]，其基本上是一個糾問

--------------

[1] 譯按：英國皇室特別法庭，為聽取國民申訴而設。無確定開庭日期，

制的法庭。

不過，星室法庭在普通法傳統中究屬特例。歷史上普通
法的制度實具控訴制的特徵，且英格蘭早期發展出刑事程序
須有陪審團參與的規定，有助於防止任何類似歐陸糾問制那
種過度激烈的發展。如果陪審員有權決定被控訴者有罪與
否，則程序必然要在陪審團面前以言詞方式進行。儘管在英
格蘭的刑事審判發展很早就有控訴人毋須僱用律師的規定，
但公訴檢察官制度很晚才出現在普通法。即使在今日的英格
蘭，執業律師仍會受聘在刑事程序中代表公益出庭，並受領
由公共基金支付的報酬。創設專職警力及公訴檢察官從事犯
罪調查、蒐集證據、確認起訴依據以及代表國家實際進行刑
事程序，是普通法世界較為晚近的發展。實際上，這些發展
代表其從控訴制朝向糾問制的轉變。不過，公開審理、言詞
審理、陪審制以及限制法官權限等作法，使得控訴制仍有若
干可取之處值得延續下去，結果便造就了一種混合制的刑事
程序。

在大陸法世界，糾問模式因羅馬法復興、教會法院程序
影響以及最重要的國家主義興起而被迫走向極端。刑事訴訟
乃是國家針對個別被控訴人的行為，其程序不公開，並以書

- - - - - - - - - - - - - - - - -

但其地位在都鐸王朝和斯圖亞特王朝初期甚為突出。它由樞密官和兩位
首席法官組成，迅速而有效地處理案件，尤其是涉及公共秩序的部分。
查理一世曾以之對抗政府中的反派。後於1641年被長期國會廢除。

面為之。被控訴人無權請求律師協助，他們可能被要求宣誓作證，但透過刑求強制取得證詞與非法證據的情形十分普遍。法官不僅是公平裁決者，也在程序中扮演積極角色，決定訴訟的範圍與性質。君主作為國家人格化的象徵，則擁有制裁權與赦免權，其行使不受各種規則的限制，諸如溯及既往法律之禁止、公平待遇原則等、或今日所謂普世人權與正義上考量。

十八世紀由於貝加利亞等人的著作，大眾對於刑事程序的陋習十分反感，因此改革刑事程序遂成為歐洲革命運動的主要目標之一。當時的改革派以英格蘭的刑事程序制度為合乎公正與民主的體例，要求自己國內的刑事程序能朝普通法的路線進行改革，他們的主要訴求為：(1)陪審團制度；(2)以公開的言詞審理取代秘密的書面審理程序；(3)確立被控訴者的律師權；(4)限制法官的糾問權；(5)廢止要求被控訴者宣誓作證的規定；(6)廢止刑求；(7)廢止國家以刑罰或赦免方式恣意介入刑事程序。

在法國大革命熱潮正熾之際，曾經有人主張完全廢止舊政權的刑事程序，並以基於英格蘭模式的全新程序取而代之。此種努力隨即失敗，並出現了反向的革命，結果在法國造就了一種混合的程序制度，包含了革命運動之前的元素，也有革命運動後的改革成果。

在大陸法世界中，典型的刑事程序可分為三個基本階

段：偵查階段、預審階段（採證）與庭審階段。調查階段係由公訴檢察官主導，同時公訴檢察官也積極參與由預審法官（examining judge）指導的預審階段。預審階段主要以書面為之，且不對外公開。預審法官掌控此階段程序的性質與範圍，並負責調查事件始末並製作完整的書面紀錄；如此一來預審階段終了之時，所有相關證據均已載於紀錄之中。如果預審法官認為犯罪成立，則被控告人便是犯罪行為人，程序於是進入庭審階段。如果預審法官判決犯罪不成立或非被控告人所為，則此案就不會進入庭審。

德國於1975年廢除了預審階段，如今整個審前程序均由檢察官與警察負責，與美國相同。重大犯罪的審理是由一組法官與陪審員共同判決。像普通法那樣的集中審理程序，則可因認罪答辯（guilty plea）而免予進行。在二十世紀末，包含義大利在內的數個歐洲國家及大多數的拉丁美洲國家均依循德國模式進行了刑事程序改革。二十世紀晚期是大陸法世界刑事程序改革十分頻繁的一段時日。

大致而言，我們可以說過去一個半世紀以來歐洲朝向公正而富有人性的刑事程序改革，著力主要在於調查階段與預審階段。這些改革分為兩大類。第一是為培養一群公正客觀的公訴檢察官（prosecuting attorney）所作的各種努力。以義大利為例，公訴檢察官如今已為司法機關的一員，享有類似於法官的任期保障以及隨之而來不受干涉的自由。第二是

發展諸多程序上的安全機制，以協助保障被控訴人在預審階段之利益，其中最重要的是被控訴人在此一階段可否委任律師代理。但此非表示被控訴人的律師享有任意交叉詢問證人或代表所委任的客戶提示證據的自由，預審階段仍是由法官主導。然而，被控訴人的律師能參與程序，以保障客戶權益，提出某些事務促使法院關注，以及在程序過程中輔佐客戶進行回應。辯方可以調閱預審法官蒐集整理的相關卷證，從中得知循例提供的系爭起訴案件之相關資訊；此類資訊在美國的程序中，除非提出證據開示動議或於預審階段中揭露，否則辯方無法取得。

　　一般而言，預審階段與庭審階段可以詢問被告，但不得要求他們宣誓，而且被告可以拒絕回答，被告的拒絕回答以及被告回答的內容，將被列入定罪及衡量罰則的考量依據。儘管檢察官可向法官建議詢問被告的問題，但大陸法傳統一直沒有發展出類似於我們的交叉詢問制度，直到近年的改革才開始有所轉變。

　　在我們的刑事審判的制度設計中，被告毋需列席為證人，而且禁止就被告無法列席為證人一事進行各種推斷。然而，一旦他們作證，他們即須宣誓並接受檢察官的交叉詢問。曾有一位傑出的比較法學者指出，我們的制度是將被告置於「殘酷的抉擇」之中，不是宣誓作證並接受交叉詢問，就是完全不作證。他表示，大陸法不令被控訴者處於如此艱

難的選擇困境,是較符合人性的。

由於刑事程序預審階段的性質,使得大陸法傳統的庭審階段本身的特徵也與普通法的庭審不同。證據既已蒐集完畢並製成卷證檔案,可作為被控訴人、律師及檢察官起訴之用,因此庭審階段的作用是將案件呈現給承審法官與陪審團,並允許檢察官與被告律師進行攻防。當然,此亦為公開進行,公開有助於降低政府恣意而為的可能性。

在大陸法的傳統理念中,認罪之答辯可以作為證據,但無法用以規避庭審。決定犯罪是否成立者是法院,而不是被告或檢察官,因此,認罪協商(plea bargaining)是被禁止的。儘管學者否認認罪協商的存在,並且不適當地將此大陸法傳統理念與盛行於美國的認罪協商作法相提並論,不過在實際上,大多數(若非全部)大陸法轄區仍以各種偽裝形式進行認罪協商。如今,此一制度已為德國與其他主要大陸法體制公開接受,成為本章前述二十世紀晚期刑事程序改革的其中一環。如在義大利,認罪協商明定於新的刑事程序法典中,規定認罪答辯的被告可以減免三分之一法定刑。毫無疑問,認罪協商制度能夠迅速處理數量不斷增加的刑事起訴案件,而在大陸法世界中刑事案件數量已遠遠超出法院所能承載的範圍,情況與普通法世界無異。

我們對於大陸法世界的刑事程序時常存有兩個普遍的誤解,一是沒有無罪推定的觀念,另一是沒有陪審制度。而如

前所述，這些認知顯然有誤。在大多數大陸法轄區確實存在無罪推定的法律規定，不過確切推定的內容以及對被控訴人的保障程度因地而異。即使是在未以法律形式規定無罪推定的國家，刑事程序的預審階段也有類似的設計，預審法官的角色以及公訴檢察官功能的司法化均有助於避免可能無罪之人進入庭審。

至於一般認為大陸法世界沒有要求陪審團審判的權利，則恰與事實相反。陪審團或類似的設計，自革命時期改革以來即成定制。陪審團或許無法廣泛適用於各種犯罪行為（甚至在美國某些州，輕罪案件也不得要求陪審團審判），組成人數可能不是十二人，陪審形式時常是非專業的諮詢人士與法官同時蒞庭，甚至如同我們的制度，對於被控訴人的定罪也毋須經過全體一致的裁決始得為之。種種特徵，尤其一經加總起來，即可見到我們對於陪審制的想法與他們之間存在若干重大的差異。不過，陪審制度在大陸法轄區的刑事程序建置已久，仍是不爭的事實。法國自十九世紀以來即有刑事陪審制。西班牙在1978年通過的新憲法，規定了刑事案件必須經過陪審團審判。同時，歐陸的法律人也對獨任制法院有著負面觀感，一言蔽之就是俗諺所云的：「獨自裁判的法官即獨裁法官」（juge unique, juge inique）。晚近法國有人提議建立非重大犯罪案件專屬的獨任制法院，遭到憲法委員會宣告違憲。一般規定庭審階段須有三名法官組成合議庭。

即使沒有陪審團，三名法官的要求還是可減少恣意裁判的風險。

　　有讀者可能好奇何種體制較為公正，答案自然是言人人殊。近來有位哈佛大學教授曾撰書質疑美國刑事程序為「拒絕正義」，並主張依法國模式進行改革。其他美國人則嘗試證明我們的制度設計對於被控訴人更為公平。此一辯論因為我們對於大陸法國家法律和實務的認識不清以及各種不易去除的成見，而難以釐清。最後，一位著名的比較法學者經過長期而精密研究，提出了一個十分具有啟發性的意見：他說，如果他是清白無辜的，他會希望在大陸法的法院中接受審判，但如果他有罪，他寧願在普通法法院受審。此無非認為，在大陸法世界的刑事程序對於孰為有罪孰為清白，更能作出精準的判斷。

# 第十八章

# 違憲審查

　　憲法與行政法在大陸法轄區內為公法的主要內容。憲法是國家的組織與運作之法，行政法則是關於政府行政部門的組織與運作，同時規範行政與立法、司法以及人民之間的關係。

　　本書前半部，特別是第三章、第四章，我們探討了典型中央集權國家的本質。中央集權國家興起於十五至十八世紀的歐洲，並藉著西方一連串的革命運動而蔚為風潮，此即現代的民族國家──世俗、實證、對外對內獨立，一個透過政府的立法、行政與司法部門來運作其權力的國家。其中，代議的立法部門，具有至高無上的權力；立法掌控行政與司法行為。立法行為與行政行為均免於受到司法的審查或干涉。

　　大陸法世界自革命運動以來的公法主要發展，可以視為避免此一國家體制走向極端的進程。此一進程有諸多引人入勝、相互關聯的面向，而本文在此僅探討其二：行政行為合法性審查（繼而抑制過當行政權力）程序的發展，以及追求剛性憲法和法律違憲審查的發展趨勢。

本書第八章，我們簡要探討了審查行政行為合法性的需求如何逐步實現。對司法部門的普遍不信任，對法官以及司法功能的傳統刻板印象，以及權力分立的原則，排除了由普通法院來進行審查的可能性。此外，堅持普通法院法官絕對不得從事立法的結果，導致先前司法判決拘束未來司法行為或相同行政行為的想法遭到摒棄，而此一原則的闕如，勢必造成行政行為的合法性審查相對沒有效率。而法院不受上級法院或其他法院先前判決拘束，因此只能作出在一定範圍內拘束個案當事人的判決，實不足以肩負確保行政行為不致過度的任務。在此所需的判決方法，必須足以使系爭行政行為的合法性具有對世效力——即具有普遍效力，而非僅拘束當事人。

因此，如要賦予普通法院如此的權力，就必須放棄許多關於國家組織正常運作以及普通法院定性與功能等根深蒂固的基本觀念。誠如我們所見，法國以及其後多數大陸法世界採取的方式，是在行政部門建立一獨立的法庭（tribunal）。而包括德國在內的其他國家，則是設立一獨立的行政法院系統來達到相同結果。儘管德法兩國所採方法有許多重大相異之處，但二者均同樣符合了基本的要求。首先，行政行為的合法性審查免於透過普通法院之手，因而權力分立的原則得以確保；第二，一個行政行為經判定為不合法而失其效力，即可產生對世效，毋需引進普通法院的判決

先例原則。雖然遵循大陸法傳統的國家各有不同關於行政合法性審查的制度設計，但在此所述的基本模式仍屬主流。

然而，一旦涉及立法的合憲審查問題，事情就變得更為複雜。大陸法世界在建立一個有效的管控機制過程中遇到的困難基本上都類似，但在尋求明確解決方法的進展，卻遠不及行政合法性審查順利。限制立法優位是明確的發展趨勢，但進展的速度以及採行的方法，在各大陸法國家之間卻大不相同。

立法優位與柔性憲法是相輔相成的概念。倘若代議的立法機關執意擁有法律的實權，而且立法行為又不受司法或行政的拘束，則我們可以很容易推斷，普通法律可能凌駕於與之牴觸的憲法條款。此並不意謂憲法這部根本大法完全失去了創設政府組織以及提供規則約束和限制政府行為的所有力量。柔性憲法國家的立法提案一般仍須遵守現行憲法解釋所劃的各種界限，若要跨越這些界限則必須要有特殊立法政策的考量。當憲法條文與法律條文因未經妥善立法考量而可能發生牴觸時，法院傾向以避免二者衝突的方式來進行解釋。無論如何，即便是柔性憲法，也有其憲法性格的一面。

柔性憲法自然迥異於剛性憲法。然而，我們在此必須區別形式剛性（formally rigid）憲法與功能剛性（functionally rigid）憲法。形式剛性憲法在大陸法世界所在多有，內容針對立法權具體創設各種限制，並且明文規定修憲的特別門

檻,但並不制定這些規定的施行條款。根據通說,普通法院完全不具資格介入立法程序。行政法院只能規制行政行為的效力,無法規制立法行為的效力。形式上,立法受到憲法拘束,但實際上沒有一個政府機關有權決定立法機關是否逾越權限。而在功能剛性的憲法體制中,就有此種機關與功能的存在。

功能剛性憲法的原型為美國憲法,至今依舊是典型例證。十八、十九世紀出現在整個大陸法世界的憲法體制,時而剛性時而柔性,但卻沒有任何一個具有審查立法合憲性的功能設計。大陸法傳統自革命運動以來的憲法發展史,一直是逐漸朝向功能剛性憲法體制發展。然而,基於各種原因,大陸法國家針對立法行為有效與否所採取的合憲性審查方法與美國所採取者大相逕庭。

大陸法傳統朝向憲政主義的發展,可以視為對於極端世俗化、實證化國家觀點的合理反動。在宗教改革運動之前的共同法時期,教會的權威以及羅馬天主教自然法學者關於政府與個人的著作,提供了一套理念與價值觀,某種程度限縮了君主與政府官員的影響力。這些理念其中有許多原本就深植於共同法之中。但教會與羅馬天主教自然法的權威衰落了。隨著民族國家的興起,共同法變成補充性的法律體系,附屬於國家法律之下。與此同時,世俗自然法思想強調經由人民選任的代議立法機關與權力分立,輔以革命運動

限制法官權力的傾向，造成過度強調立法自治（legislative autonomy）的現象。舊有對政府的限制已消失不再，而在新出現的實證化國家中，代議立法機關的角色被膨脹，並被鼓勵成為判斷其本身立法行為合法性（相較於政治上的可接受性而言）的唯一人選。某種程度上，這種朝向功能剛性憲法的發展，加上保障個人權利以對抗「不當」（unjust）立法行為的作法，可以視為「自然法的法典化」過程，一方面填補羅馬天主教自然法和共同法被摒棄後留下的空缺，另一方面，則是打壓革命運動以來立法機關不可一世的形象。

　　立法行為合憲性審查的追求，並不必然促成「司法」審查制度的建置。相反地，大陸法傳統關於權力分立以及司法功能其性質與限制的基本觀念，使得透過普通法院進行違憲審查的選項難以實現。而拒絕依循判例的原則，更使得（普通法院）司法審查的制度失去魅力。合憲性議題影響重大，因此似乎需要權威性的裁決，並具有對世效力，而免於受到不同法院，甚或同一法院，對類似案件作出不相一致判決的風險。但賦予普通法院判決等同法律的權威，是大陸法國家無法接受的主張，因此，諸如美國人民所熟知的各級法院均有權針對憲法爭議作出具有對世效力判決的制度設計，大陸法世界普遍無法接受。即使有些拉丁美洲國家將部分的司法審查權授予普通法院，但整體趨勢一直都是傾向將此種權力集中於一個最高的法院，而非將之分散至整個司法審判系

統。此舉並未消除立法合憲性判決不一致的可能性，但確有降低的效果。例如委內瑞拉的最高法庭（Supreme Tribunal of Venezuela），是該國唯一有權對法律進行違憲審查並宣告法條無效的法院，其他法院的法官面對法律規範與憲法規範有所牴觸的情形時，可能會適用憲法規範，但此判決並不會使法律條文喪失效力。

二次世界大戰以後，建立違憲審查制度的思想橫掃整個大陸法世界，然而各國採取的方法不盡相同。不意外的是，法國這個最早提出權力分立與法院定位觀念的國家，採取的是一種非司法審查的制度設計，職司此功能的政府機關，是依據1958年憲法設立的憲法委員會（Constitutional Council），而非憲法「法院」，其中成員包含法國所有卸任總統，再加上另外九名人員，三位由法國總統選任，三位由下議院議長選任，三位由上議院議長選任。在公布之前，有些法律必須——有些法律則是可能——經由行政或立法機關移送至此委員會判斷是否合憲。委員會必須經過不公開審議（沒有異議程序、當事人、言詞審理等等司法訴訟程序的特徵）之後在一定期間內回應。若委員會認為系爭法律違憲，除非適當修改憲法，否則該法將無法公布。

憲法委員會初始的組成與程序明顯具有非司法特質。它的功能看似增設一道立法程序，而非司法程序，此種違憲審查很容易被認為是「政治」審查，而非「司法」審查。最近

幾年，憲法委員會的工作開始帶有司法性格，並且開始被法律人以及社會大眾認為是一準法院機構。與此同時，法國國家委員會（次數頻繁）乃至於最高撤銷行政法院（不甚頻繁且適用範圍狹窄）也都會涉入憲法訴訟。不過，理論上法國仍不算有立法行為的司法審查。

然而，如今大陸法世界的主要趨勢卻是朝著具備某種司法審查形式的制度發展。我們不妨先透過另一個憲法原理上的區分——立法的形式正當性與實質正當性——來瞭解此一趨勢。形式正當性的問題，涉及立法者是否有依循成文法與憲法中關於立法過程的形式與程序規則——例如訂定立法審議程序、投票與公布的規則。實質正當性的問題，則關乎成文法的實體內容是否與憲法上保護人民權利以及關於政府組織和成員的條文相容（值得一提的是，關於形式與實質正當性的區分，儘管在概念上十分清晰，但卻不易實踐。不過此問題足以用另一本書的篇幅來探討）。

可以討論的是，形式上有缺陷的法律條文，實際上不能算是法律條文，因此並不足以成為法官有義務依法審判所依據的「法」。如果立法機關沒有依照立法過程的程序規定，照理來說，作成的結果就不是立法，因此法院毋須加以適用。即使是在採行柔性憲法的司法轄區，根據相同思維，立法機關必須遵守現行的形式規定，才能制定具有效力的法律條文。如果立法機關想要改變這些立法的形式規定，必須直

接制定法律為之,而非採取其他間接手段。與此同時,更為基本教義派的觀點可能會認為,即便審查立法的形式正當性,也超出司法的權限,破壞權力分立的原則。在革命時期的法國,此種立場曾經獲得有力的支持,但授權普通法院審查立法形式合法性的趨勢日益增強。通說已經發展至此一立場,儘管此說仍然承認立法機關有權以制定牴觸憲法條文的立法,去修改柔性憲法的實質內容。

不過,就剛性憲法而言,在原則上無法透過牴觸憲法的立法來修改憲法規定。相較於一般立法的過程,直接修憲的門檻往往較高也較不容易,此種憲法毋寧是提供普通法院實質審查立法有效與否之權限的契機。法律若與實質憲法條文牴觸,照理來說,就不能算是有效的法律,因為它超出了立法的權限,因此不應為法院所適用。此為美國司法違憲審查的理論基礎,於著名的馬伯瑞訴麥迪遜(Marbury v. Madison)案中確立,同時也為拉丁美洲多數大陸法轄區採用。

一般而言,過去由普通法院,甚至僅由最高法院,職司審查的經驗並不盡如人意,所以大陸法一直以來都是從法官手中收回進行憲法裁判的責任與機會。此一傳統過於強大,向來對於司法功能的觀點依舊根深蒂固,導致傳統法學教育與職業訓練的效果過於有限。集中由最高法院進行司法審查的設計,在智利已存在近整個二十世紀,但是在1970年以

前，僅有少數法條被宣告違憲，而且重要性多半不高。日本法官自二次大戰後擁有違憲審查權，但之後的三十年，日本最高法院僅宣告一例法條違憲，且該法條經清楚認定並未失效。諸此例證，實所在多有。

除了大陸法傳統對普通法院法官的不信任之外，上述經驗加上權力分立的影響力，以及希望賦予違憲判決對世效力的期待，說明了奧地利、德國、義大利、西班牙以及許多其他大陸法國家為何決定設置獨立的憲法法院。此與十九世紀設置獨立法庭對行政行為合法性進行司法審查的決定，明顯雷同。

德國、義大利和西班牙的憲法法院設立於二次大戰之後，代表了現今大陸法世界違憲審查的趨勢。儘管這些國家之間存有諸多相異之處，但也有若干共通的特點。這些均為單獨設置的法院，獨立於各自的法院系統，對於立法的合憲性審查也都享有排他性的權限。在德國、義大利與西班牙，憲法法院宣告法條違憲的判決，其拘束的對象更不以當事人為限。這三個國家的程序特徵以及法官選任和保障任期規定，均賦予憲法法院明確的司法性格，而與法國憲法委員會的政治性格迥然相異。

一般來說，程序的進行大致是：在民事、刑事、行政或其他法院進行的訴訟，一方當事人能針對影響系爭案件的法條提起憲法疑義。至此，訴訟程序暫時停止，該憲法問題移

送憲法法院審理。待憲法法院公告決定之後,普通訴訟程序回復進行,並依照憲法判決結果審理。如果憲法法院認為法條合憲,則法院可在訴訟程序中適用;如果被宣告違憲,法條則失其效力而不能適用於該訴訟或其他任何程序之中。此一程序即為所謂合憲性附隨審查的例證。

此種附隨程序僅容許在特定個案或爭議中進行合憲審查,這也是美國違憲審查制度設計中唯一的個案救濟制度。然而,在德國、義大利和西班牙(以及其他大陸法國家,如奧地利、哥倫比亞、哥斯大黎加、瓜地馬拉、墨西哥、秘魯和委內瑞拉)「直接」審查亦為可行,即使法條適用不涉具體爭議,特定政府機構,甚至是個人,都可以向憲法法院聲請,要求審查法條的正當性。如此一來,便可擺脫源自美國對於附隨審查制度的各種限制,針對抽象的合憲性問題進行審理。即使受到成文法和司法判決的約束,直接審查的程序仍大幅擴張了違憲審查的適用範圍,超出美國的制度設計。

從一開始創設獨立的行政法院,到後來創設特別憲法法院,許多大陸法國家很清楚地正在邁向大陸法法律人所謂法治國(Rechtstaat)理想的路上有了顯著進展;所謂的法治國,是指在政府體制當中所有機關與官員的行為均遵循合法性的原則,並有程序可供利害關係人檢驗行政行為的合法性,以及在行為無法通過檢驗時尋求適當的救濟。值得一提的是,大陸法世界審查行政行為合法性的制度設計,相較於

我們而言更有效率也更具影響力。大陸法國家發展有效的立法違憲審查機制，時間上遠較美國為晚，要評斷其是否經得起時間的考驗，似乎仍嫌過早，但基本的架構似乎已一應俱全，大陸法世界對抗違憲立法所提供的法律保障，可能終將超越美國。

我們在第六章描述了大陸法世界的法官地位相對較低，威望不如立法權與行政權。二次世界大戰以來世界各國廣泛採納違憲審查制度的一個實際效果，就是擴大法官的權力以及提升他們的地位。他們日新月異的傑出成就，乃是大陸法傳統劇烈改變的有力指標。

# 第十九章

# 回顧

在進入下一章展望大陸法的未來以前，我們必須對於之前討論過的章節做個全面回顧。之所以需要全面回顧，理由在於先前的討論都是經過取捨、強調和簡化的結果，而無論何者都會造成誤解。為了導正這些誤解，我們必須做個全面性的回顧與檢討。讀者可以透過進一步的閱讀獲得正確認識，因此本書最後附上了建議書目，上面所列的書籍和文章本身還會提及其他刊物，想要鑽研的讀者可做進一步的研究。透過延伸閱讀更深入地理解大陸法傳統是比較理想的方式，本章只是提供一個退而次之的取巧捷徑。

產生誤解的其中一個可能原因是，我們討論的對象並不容易聚焦。我們並未嘗試去描述任何一個現存的法律體制，相反地，之前的章節在設法說明的都是，深刻影響當代大陸法體制發展，並為這些體制當中的法律規則、制度以及程序賦予其形式與意義的特定重大歷史事件或思潮。每個大陸法體制現行確切的法律規定差異極大，針對一再發生的典型社會問題，他們具體提出的解決方式有時相似，但通常相當不

同，甚至相反。德國的土地所有權移轉需登記始生效力，但
比利時根本沒有登記這回事。在法國，法律執業為一專門職
業，但在智利卻非如此。義大利尚有決案宣誓制度，但在奧
地利已被廢止。西班牙法院的組織、架構乃至於管轄權，在
許多地方均與荷蘭不同。墨西哥的違憲審查（amparo）和
巴西的違憲審查（mandado de segurança）不同，而兩者又
與義大利的違憲審查制度大相逕庭。

例子還有很多。的確，就特定法院於特定程序中就特定
個案具體適用特定法規的層次而言，很難找到以相同方式運
作產生相同結果的兩個大陸法系統。一個國家其實體規定、
程序以及職司法律的機構所代表的力量在個案判決中交互影
響產生的結果，幾乎總是不同於其他國家。我們在此強調的
不是這些法律體制的差異，而是它們的共通之處，是什麼讓
它們產生關聯，而有別於其他法律傳統孕育的法律分支。

然而，當我們討論大陸法傳統本身時，都會遭遇一個類
似的困難；也就是大陸法傳統的不同元素對於每個國家的影
響程度並不相同。如德國的法律科學，從未在法國有過深入
的發展，但對義大利卻有深遠的影響，使得義大利在此角度
上比德國還要德國。又如法國大革命的意識型態及其對拿破
崙法典在形式、風格及內容上的影響，在德國民法中則有意
識地排斥若干（並非全部）法國法典的基本理念。十九世紀
以來制定的民法典顯示了此二者的影響力。再如羅馬民法，

其在義大利形成，後為德國正式繼受，並漸為法國吸收，而各自產生不同的影響。在地法（indigenous law）的影響程度又是另一變數。在義大利，共同法是在地法，但在一些歐洲國家，特別是法國和德國，他們有意識地保留與榮耀當地習慣和具體制度，並將之融入晚近的國家法律秩序，但在某些國家如西班牙，當地固有法的特徵則是被保留作為當地通行之法（如加泰隆尼亞、亞拉岡及其他早期獨立王國的特別習慣法）。

　　編纂法典的年代也是另一重要變數。例如，大陸法轄區現行民法典的制定年代各不相同，早至西元1804年頒布，現於法國仍有效力的拿破崙法典，馴至若干國家於戰後才制定的新興民法典。老舊法典的解釋與適用問題自與新法典不同。舊法典為不同時代的產物，無法回應當代的許多問題，而這些正是新法典的關注重點。舊法典未能現代化將導致兩個主要的結果：一個是阻礙經濟與社會變遷；另外一個（也是更重要）是使得司法解釋推動整個法律過程進步的負擔加重。社會需求與法典內容之間的差距愈大，法院就愈需要為舊法條作出符合需求的新解釋。從而，司法裁判在事實上（若非在理論上）已經成為法源之一。

　　因此，大陸法國家內部法律秩序的實際運作，同時受到現行法典的制定年代以及司法對於舊法典適當性作何反應的影響。在法國，舊法典許多妨礙社會經濟進步的力量都已透

過積極的司法解釋予以排除；但在某些大陸法國家，特別是位處歐洲以外的國家，司法機關仍然自恃（在別人眼裡亦復如是）抱持法國大革命時期的態度，適用的依舊是仿效法國的舊法典，結果導致司法機關無法回應瞬息萬變的社會經濟。由於擁抱法國式的法典以及法國大革命賦予法官與立法者的形象，這些國家往往無法像法國那樣發展出具體有效的解決方案，難以發揮隱而不顯卻成效卓著的司法創意。

因此，我們必須強調，當地影響與大陸法傳統元素交融的確切情況、現行法典制定等重大事件發生的確切時點，以及法國、義大利與德國對於法律運作過程的確切影響層面，在大陸法世界各地差異極大，這又為不同的法律實體規定、法律制度以及法律程序增添一連串的變數。大陸法國家同受大陸法傳統影響，但是他們受影響的程度各不相同。

另外一個可能造成誤解的原因在於，我們在論述大陸法傳統時無可避免地必須有所取捨。在這本書中，我們只討論了大陸法傳統中一些突出的特徵而已；儘管這些特徵可能是最重要的，但是我們也不應忘記，這些特徵並非全部。比方說，我們從未在本書中仔細討論歐洲皇室傳統的力量，或是法國大革命後殘留的一些主要來自絕對王權（absolute monarchies）時期的制度與觀念；儘管歷史上已有許多例證，但對於歷經專制統治的國家極易以某種方式重回專制的命題，我們也未多所著墨。我們也未論及所有歐洲政府的行

政部門原先都是君主制度的產物，因而我們盡可能避免討
論這些起源攸關於理解大陸法傳統對於行政行為的各種特殊
法律管制。對於政府行政機關的日益專業化，或是演變成為
常由法律人主導的特殊職業（特別是在德國）等，我們也沒
有進行任何評論。遺珠之憾不勝枚舉，畢竟此書只能略述梗
概。

　　法律傳統是文化的一部分；歷史悠久且根深蒂固。基本
法律觀念與各種同樣深刻的社會、經濟和政治傾向之間，關
係既緊密又複雜。法律不僅從文化的其他部分汲取意義，同
時也回饋於此，成為其中不可或缺的一環。本書僅嘗試理解
這些關聯性的其中幾個部分，絕非予以窮盡。

　　大陸法傳統的某些面向不時遭受明示或默示的批判，尤
其常被提及：過分強調權力的絕對分立；嘗試隔絕法官的努
力非但徒勞無功，長期下來亦不符合社會期待；對於確定性
的追求，已成為一種緣木求魚的浪漫，同時也淪為毫無意義
的口號之爭，可以用來支持任何觀點；立法機關的角色過度
膨脹，加諸其上的期待遠非其所能承載；德國法律科學的前
提假設與論證方法，不僅使得法律孤立於其理應處理的社會
問題，甚且還堅持一套不再適用於現今社會經濟的假設，姑
且不論此等假設是否曾有效過；大陸法受到偏頗的學術傳統
主導，將教師學者的強大潛力及豐富的能量、創意、學識導
向毫無生氣的追求之上。

　　諸此種種並非僅是美國法律人不求甚解地對一個充滿異國特色的外國法傳統所作的回應。這些批評不是出自普通法法律人，而是來自大陸法法律人自己，他們批判地檢視自己的法律，並且要求改革。這造成第三個可能的誤解來源：以為今日大陸法傳統是單一整體而且靜止不變。其實它二者皆非。

　　首先，我們先前描述的大陸法傳統，事實上就是主流影響與觀念的集合，它們在各式歷史與思想力量較勁中勝出，在競爭中最為能脫穎而出者便為人們所接受。源自於十七、十八世紀思想與革命時期的實證主義國家模型，代表其擁護者戰勝了自然法支持者以及其他社會政治組織形式信仰者堅持的觀點。羅馬民法——共同法——與德國和法國國內法傳統較勁，爭奪統一法秩序的主導地位。德國法律科學只是關於法學研究目標與方法以及法律秩序本質與功能的一種觀念組合而已。大陸法傳統的歷史上，任一時點都有各式各樣的力量在作用著。此見諸今日尤然。大陸法傳統的各個面向均面臨大陸法學者的嚴格檢驗，不僅質疑個別的法律規則、制度與程序，同時也就賦予實證法秩序形式與意義的大陸法傳統本身，質疑其中的基本要素。一個時代的正統是不時受到挑戰的。本書討論的只是一個多元法律傳統當中最為突出而延續最久的部分。

　　正如大陸法傳統遠非單一整體，它也持續處於演變的狀

態。在本書提及的主要特徵只不過是一段將近二十五個世紀以前展開的歷程中的一個部分，而且這段歷程極有可能一直延續至未來。羅馬民法單單一部法典就歷經了許多階段——前古典與古典法律時期、查士丁尼的《羅馬法大全》、註釋學派與評注學派的貢獻、人文主義者的著作、法國的法典化、薩維尼的理論與歷史學派、德國的法律科學以及德國民法典，而此僅為大陸法傳統脈絡下的一支而已。教會法起先是教會用以規範內部的法律，後來隨著教會力量的擴張而壯大，最後在教會法庭取得世俗的管轄之時大行其道；教會法對於共同法貢獻良多，且在宗教革命後持續影響著大陸法傳統的發展。商事法起先僅為實事求是的商人基於需求創設的各種慣習，最終商事法與商事法院被國家化，而與分立的商事法典共同成為國家官方機構的一部分。時至今日，獨立的商事法庭慢慢消失，分立的商事法典也逐漸消逝。

　　大陸法世界的法律運作過程逐漸加速遠離革命運動時期的極端模式，這點趨勢我們將在第二十章看得更清楚。普通法院的法條解釋權限擴張，乃是早期的一個重要進程，並因司法見解的出版與引用漸增而強化。另一重要進程則是創設法庭審查行政行為的合法性，即便是在這類法庭過往曾經隸屬行政部門的國家，如法國，如今觀其外在與行為，均與法院相似。儘管排斥判決先例原則，但是法院的工作還是在對類似的案件做出類似的判決，與普通法的法院如出一轍。

晚近剛性憲法的採行，填補了拒斥自然法所生制衡立法的漏洞，同時發展出各式配套機制來使立法不超出憲法界限。權力大幅從立法移轉到司法（從立法到行政亦同，但此為另一議題），使得傳統上立法優越的理想逐漸受到侵蝕。法院除了可以審查行政行為的合法性與合憲性外，也有權解釋法條，破壞了嚴格權力分立的原則。原為隔絕法官於法律之外所設計的法律運作過程，已經逐漸地司法化；直至今日，整個大陸法世界的司法化程度都在逐漸增加當中。

德國法律科學從出現以來便一直是德國和其他地區法學思想家嘲諷、取笑及攻訐的對象；近來，特別是第二次世界大戰之後，批評的意見開始產生作用；愈來愈多的學者主張以全新的方法進行法學研究。有些學者主張全然廢棄德國法律科學，其他學者則認為法律科學有其效用，但在大陸法傳統演進過程中已然過時；他們希望能夠保留其所獲致的成果，特別是關於法律秩序與法律體系的建構，並以此為發展的根基。所有人都同意法律科學的純粹性——拒斥任何被認為是非法律的事物——使得法律遠離了它最應關注的社會日常生活問題。這種對於社會、經濟及政治帶有某種程度敵意的念頭，將法律與文化的其他部分切割，也使得法律人與社會需求漸行漸遠。與此同時，寓於法學科學抽象概念之中的社會與經濟假設，在批評者眼中似乎與當代的憲法及施政計畫相左，他們認為，高唱私法關係、主觀權利以及私法上的

法律行為（詳見第十一章），使得個人主義式、十九世紀式的經濟社會達爾文主義大行其道，妨礙了政府對權力、地位乃至於財富的重新配置，也使得法律和法律人在無意之間就成了反動者。此種批評在大陸法世界的發展中國家特別具有影響力與重要性，尤其在拉丁美洲。在那裡最具說服力的說法是，法律的演進總是落在文化的其他部分之後；有時未能妥適地在法律形式中反映社會與經濟的變化；有時則在根本上反對這種改變，而與之漸行漸遠。

　　各種對於法律科學的不滿，因為法律秩序重心的轉移而被強化。法律科學的高牆向來是建築在私法的領域，特別是羅馬民法。一直到前不久，民法典在民法的體制中都還是扮演著憲法的角色，主張政府的首要任務便是保護與實現個人的各種權利。主要取諸私法素材的法律基本原則與通論，主導立法與司法程序，因而，民法典與民法學者的學說提供了法律運作過程的意識型態發光發熱的柴火。然而，隨著主要大陸法國家採納體現新社會經濟概念的現代剛性憲法，以及司法審查立法合憲性機制的建立，法律的重心開始經歷註定要發生的劇變，從民法典移轉至憲法典、從私法移轉至公法，從普通法院移轉至憲法法院、從立法實證主義移轉至憲法原則。此種憲法的條款也是一種一般性的原理原則，提供另外一套觀念指引法官解釋並適用法條，包括民法典的條文。憲法法院或其他法院宣告法律無效的對世效力，主要來

自憲法條文的授權。在一個法律體制之中，如果現代剛性憲法與司法審查制遭遇到強大的法律科學傳統，如今日的德國、義大利或西班牙，便會造成法律運作過程的根本性調整。

認識了大陸法傳統的多樣性、複雜性和動態性之後，最後我們要來簡短討論一下最引人入勝的部分：比較。大部分初次接觸比較法的人都會急躁地翻完此書，想要儘快找到兩個大問題的答案：普通法與大陸法之間有何差異？孰優孰劣？事實上，這兩個問題都足以另出一本專書好好討論，我們不可能在此回答這些問題，但是可以針對二者依序作出若干評論。

首先，有何差異？本書在討論過程中曾經直接或間接比較過大陸法與普通法傳統的許多面向，而且前提通常假設讀者對於自身的法律傳統有一定程度的瞭解，讀者因此已對這兩個法律傳統的基本差異有些概念。但是，除非讀者罕見地對普通法有完整而細膩的知識，否則就連本書選擇討論的主題他們也都難以通盤比較，更別說那些進行比較所需考量到但本書卻未予討論的諸多主題。本書並未回答「有何差異？」的問題，僅是指出二者間的某些差異，並說明其成因與意義而已。

二者孰優孰劣？就某個層次而言，這個問題並不高明，有如在問法文是否優於英文，對誰較好？確實不會有人認為

義大利用普通法，或是美國人用大陸法就會比較好。法律根基於文化和歷史，它只能在這樣的文化條件下，於特定的時空回應特定的社會需求，至少，這是一個歷史決定的過程，特定社會問題藉此得以被發現、提出與解決。以一個法律傳統取代另一個，不僅不可行，同時也不恰當。

但從另一層次來看，此問題就變得高明起來：法律傳統能夠合理回應多少社會需求？法律傳統會對政治、經濟及社會目標造成多大妨礙？相較於普通法傳統，大陸法國家是否真的比較適合自己的法律傳統？諸如此類的問題一經思考又會產生新的問題。我們是依何基準作此判斷？面對複雜的社會、經濟及政治需求，我們如何衡量這些需求的滿足程度？甚至，如何可以清楚判斷這些需求為何？或許有許多理想的方式可以回答這些問題，但這些顯然都超出本書的範圍。

不過，我們可以指出這兩個法律傳統之間差異的細微與複雜處，進而瞭解誤解這些差異如何影響國際事務的各種形式與發展。身處兩個傳統之人對於異國法律體制的簡略判斷與草率假設，一直都是誤解與爭議的來源，這些誤解與爭議妨礙國際談判、破壞外交援助計畫、侷限文化交流成效，也使得努力方向錯誤，從而資源分配不當。即使是出國必定先瞭解當地歷史、政治、語言和文學的人，也都幾乎無可避免地完全忽略當地文化中最古老也最重要的部分之一：法律傳統。

　　儘管值得追求，但普通法世界不太可能常態性地將深思熟慮的比較法法律人納入各級政府與私人單位擬定外交政策與計畫的團隊之中。比較可能的只是，常態性地徵召他們參與這些政策或計畫的細節與執行。一個理由是，這樣的人才太少了，不過只要有此需求，問題仍有可能獲得解決，而最主要的原因就是沒有需求。比較法法律人未能使其他人，無論是法律人或非法律人，認識到在與大陸法世界的國家之間的關係上，雖有各種專業人才參與，但一直以來都欠缺某樣重要的東西。

　　真正欠缺的，其實就是認知到大陸法世界有其重要且不同之處，它不僅僅只是一套不同的法律規定，也無法概括於外界對大陸法法典及普通法司法判決的刻板印象之中，它較此更加細微，也更加普遍。任何想要瞭解歐洲或拉丁美洲（或者是瞭解在中東、亞洲與非洲大陸法國家）之人，無論是否為法律人，都應多多瞭解大陸法傳統。

# 第二十章

# 大陸法傳統的未來

我們已經看到由法國大革命與法律科學孕育所生的法律體制是何模樣：一個只存在於個人與國家的法律世界；立法優位；司法權與立法權和行政權嚴格分立；狹隘與呆板的司法角色；拒絕依循判例；民法典與民法學至上；高度發展且一貫的概念體系；無時不忘法確定性。同時我們也看到這個十九世紀模型在當今大陸法國家遭受許多批評與侵蝕。本章將深入觀察侵蝕的過程，並且說明目前大陸法傳統似乎正在發生的根本性轉變。此一轉變部分顯現在民法典的式微，部分顯現在憲法的崛起，部分則是顯現在歐洲聯邦主義的發展。大陸法傳統這些朝著「去法典化」、「憲法化」與「聯邦化」發展的關聯趨勢，似乎已經難以逆轉，而且似乎也有源源不絕的動力，預示著它們將持續影響大陸法傳統在未來的發展。以下就從「去法典化」談起。

大陸法世界的「特別法規」指的是圍繞法典所生，規範法典條文關注議題的法律。補充民法典的特別法多如牛毛，只消看看任何主要大陸法轄區，便知所言非假。此種立法有

部分僅在闡明法典條文規範的事務，補充說明來源法典的意旨，不過大部分並非如此，而是建立特殊的法律建置，亦即意識型態不同於法典，且某種程度與之並不相容的「微法律體系」，勞動法在此提供了一個適切而重要的例子。在古典民法典中，「勞動關係」只不過是個人之間行使契約自由的一種契約型態；勞動契約，除了是以金錢換取勞務，而非換取商品或不動產之外，它和其他契約並無顯著不同。但是在現代大陸法國家，就如在美國一般，勞動關係的主體主要為廣大的勞動階層與管理階層，而非私人。勞動立法目的的多元性諸如：勞工福祉與安全；勞資和睦與生產力；工會和勞工團體內部事務與公共責任的規範等等，鮮少見於民法典條文之中。傳統民法典將此留待私人依據自身利益行事，國家大多只是擔任有限的裁判角色，執行遊戲規則；但新的法條卻是體現政策選擇並且肩負特定社會目標。因此，勞動法微體系在方法上或技術上均與傳統民法典的勞動契約規定有著根本上的差異。

　　勞動法的例子也說明了特別法的另一個面向：它們並非立法者在冷靜思考下，基於相當共識達成同意的產物；它們毋寧是特殊利益團體（在此指勞工與管理階層）在立法競技場中作成的妥協。立法者固然會影響結果，但是不同利益團體擁有的政治和經濟實力及其在專業和宣傳的投入程度才是主導的聲音（據一名義大利學者的說法，民法典的經典名言

「契約是當事人間的法律」，如今在特別法中已被倒置為「法律是當事人間的契約」）。由於特殊利益團體性質特殊，他們往往只關心自己的問題，而他們關心的事物也往往各不相同，結果便是，特別法呈現異質、多元而又繁多的一面，有別於形式與意識型態統一的民法典。

民法典關注的議題目前已經衍生出許多重要的成文法微體系，例如：都市土地租賃、農地租賃、智慧財產、公司的設立與行為、公司證券的銷售與交易，族繁不及備載。這些法律不僅只是補充民法典之不足；它們更是民法典的有力競爭者（事實上，現在一般已開始稱這些微體系為「法典」——如法國的勞動法典（Code du Travail）——它們的競爭地位由此確立）。案件的判決是依據特別法，而非民法典的規定。隨著特別法數量日增，民法典愈來愈像是一部備位性質的法律，只有在特別法找不到適用條款時才會參照。如果我們還記得編纂嚴謹、內容一貫的民法典，功能之一就在確保法律確定性（詳見第八章）的話，大量的特別法已明顯危害了此種確定性的訴求。

在成文法微體系成長的同時，同樣重要的案例法體系也在成長。我們之前提過的法國模式法典下的侵權行為法即一適例。由於法典的規定過於基礎且內容過於空泛，以致法官必須依個案創設可資適用的法律，因此，侵權行為法的實際效力不是來自法條本身，而是來自法條之外，即在大量公

開、討論與引用的法院判決之中。不像立法程序是偶發而大量地進行，司法程序是漸進而累積的。隨著時間經過，事實的重要性以及法官對特定結果的觀感會在不知不覺中改變，法律也會隨之改變。在今天，法國或德國法官在審理交通事故案件時都無法忽略汽車的普及性、事故的不可避免性或公共責任保險的存在。隨著這些考量悄入司法裁判之中，法律改變的方式就像引進特別法所造成的改變一樣。就基本前提與目標觀之，這種新的法律與法典本身存在著根本上的差異。

特別法和法官所創造的微體系數量和重要性，有助於我們理解普通法法律人時常感到困惑的問題：為何大陸法轄區——特別是擁有最古老現行民法典的法國——仍保留舊民法典而不換新？就法國而言，部分理由是法國人對拿破崙法典的自豪與情感，它是文化的里程碑，汰換提議勢必遭到某種程度的抗拒。即便如此，拿破崙法典在二十世紀仍有兩次大幅翻修的嘗試。第一次幾乎一無所獲；第二次在1945年熱烈展開，由具聲望的學者帶領優秀的委員會進行，發表許多轟動、自信的言論，並且定期發表報告，還公布了部分修正草案。然而，委員會逐漸勢微，不再受到大眾關注；最後，委員會不再運作，並且被默默地廢止。此後，拿破崙法典僅止於零星修訂，如今約有超過三分之一的原始條文被修訂、取代或直接廢除。修法的目的都是為了保存此一里程

碑，而非取而代之。法典的原始條號順序均被保留，因而新的增補得要依循舊有架構進行，就連修法進程在經過一段活躍時期之後，也開始放慢步調。與此同時，法典之外為數眾多的立法和司法之微法律體系大致未因法典修訂而受影響。

之所以如此，原因在於民法典乃是特定意識型態的一致展現，第五章對此已有說明。然而，外於法典的特別法微體系展現的是它們各自的觀點和價值，通常與民法典的觀點和價值不相一致。前述的零星修訂只是處理容易的部分，即法典當中較能與當代生活接軌的面向。任何要將特別法納入傳統民法典的嘗試，都會遭遇難以克服的困難；其中最甚者，莫過於微體系本身在外觀上便難與民法典相容。此外，特別法的篇幅龐大，硬要將之編入，傳統民法典將會膨脹到難以掌控。因此，可行的解決之道就是拋棄新民法典的計畫，維持舊有民法典的地位，保留其歷史榮耀與作為補充法的功能。重要的是，二十世紀的民法典經蘇聯和其他社會主義國家採用，社會主義的意識型態和極權統治為之提供了必要的統合與推進力量；在法西斯統治下的義大利，是另一截然不同的極權體制和意識型態；而在希臘，則是亟需可以取代九世紀《巴西爾法典》的新法典，以之為主要民法法源。

我們在第五章曾經討論過立法優越地位下滑的問題，最近這個問題出現另一重要面向。讀者會想起，立法機關可將立法權授予行政部門，然後行政部門「銜立法之命」實際訂

定法令。此一作法在二十世紀後半葉的大陸法世界以驚人的
速度增加，原因似乎反映出代議立法機關逐漸無法勝任十九
世紀意識型態賦予他們的角色。因此，現代立法有許多並非
民選立法機關的產物，而是行政部會以較不公開的程序為
之。法國在1958年所採行的第五共和憲法，就被部分觀察
家認為是理所當然的下一步。先前不受限制的國會立法權，
因為權限大幅移轉至行政部門而大受削減；而設立憲法委員
會此一特別機構，則是為了確保國會不逾越現有受到限制的
職權範圍。行政部門只要透過發布「命令」，便可行使其立
法權。此種憲法轉變的影響，可從法國新民事程序法典是以
命令方式通過略知一二。新舊法典的同意與廢止毋需經過立
法機關。行政命令本身便足以產生廢止或施行的效果。

　　再者，從公共行政部門的成長也可窺見立法機關（包括
法規的制定）地位滑落。位居公共行政部門的官員解釋法
律、發布命令並且做出裁決，他們構成政府的最大分支機
關，其員額與業務量遠遠超過立法和司法各分支機關的總
和。誠然，行政官員在理論上應該依法行政，且不得逾越或
濫用立法機關的授權。同樣的道理也適用於法官，但是我們
看到的卻是，立法對於司法解釋的控制不甚有效，在法律的
解釋與適用、命令的發布以及裁決爭議上，政府官員有著不
容侵犯的造法空間。在法國和其他繼受法國模式的國家中，
審判行政權逾越或濫用的人，不是立法部門，也非普通法院

法官，而是公共行政部門本身的成員，他們就是列席國家委員會的委員。此委員會發展出自己的一套遵循規範，大多外於立法；而行政法就此脫離其授權的母法，二者在地位上平起平坐，對於人民生活的影響往往比立法或普通法院的訴訟更加直接而且深遠。事實上，行政訴訟的成長幅度早已超出普通法院甚多。

一些大陸法法律人曾以去法典化過程以及立法機關地位衰落的結果，比擬革命運動前的歐洲（詳見第三章）。他們認為，法律再度變得不確定、複雜、特別，有悖於確定、簡明、一致的需求。其他大陸法法律人對此轉變較為淡定，認為法律系統從單核心演變至多核心，乃是社會朝向更複雜、更多元、多核心方向發展的正常結果。若說法律的半衰期縮短，變得更容易過時，這也只是反映社會變遷加速的正常現象而已。在一個消費導向、「用完就丟」的社會中，個別法律或是法律的主流解釋，同樣也只是一時性的。

儘管整個大陸法世界都出現立法機關與法典衰落的現象，但實務上逐漸將憲法作為最上位法源，挑戰立法或其他公務行為之合憲性的機會也隨之增加。在歐洲，此一現象表現為新憲法的問世，以資設置具有司法審查權的特別法庭──如奧地利、德國及義大利的憲法「法院」；西班牙的憲法「法庭」；以及法國的憲法委員會。拉丁美洲和日本受到美國影響，違憲審查權的發動通常在於國家最高層級的法

院，這在理論上長期被視為是一種司法審查的型態。然而，有些拉丁美洲國家如哥倫比亞與瓜地馬拉，則是偏好歐洲的違憲審查模式，最新發展是此一違憲審查權的行使範圍不斷擴大。

沒有一個大陸法國家的違憲審查制度完全與美國一樣，在大陸法世界中也沒有兩個審查程序完全相同。舉例而言，哥倫比亞的公民訴訟（popular action）與德國的憲法訴願（constitutional complaint）可讓該國人民直接利用司法審查制度，此為美國人民所無的權利。法國的憲法委員會維持表面上的權力分立，是一個可以防止違憲法律頒布的非司法機關，但對於已頒布者卻無能為力。其他差異請參照第十八章。

即使這些差異存在，憲政主義的崛起顯現諸多共同的特徵。首先，新興的憲政主義明顯尋求保障並擴張個人的權利，例如：接受民事與刑事正當法律程序的權利；平等的權利；享有結社、遷徙、表達與信仰自由的權利；以及享有教育、工作、健康保險以及經濟安全的權利。作為法國大革命的主要目標並在民法典中獲得「憲法」保障的「舊」人權——人格權、財產權與契約自由——很大程度是透過普通法院適用傳統的法律方法和法律來源而獲致或得以確保。憲法是新人權的基礎，而憲法訴訟的碰撞則是將之具體化並付諸實現的方式。在某種意義上，憲政主義的崛起也是另一種

去法典化的表徵：民法典不再具有憲法上的職能。誠如前述，此功能已經從最具私法性質的私法——民法典——移轉到最具公法性質的公法——憲法。

　　顯而易見，新崛起的憲政主義將權力與名望大幅移轉予法官。無可否認地，這些法官不是普通法院的法官（儘管普通法院的法官也獲得一部分的新權力），但這種區別幾乎已無重要性。對一般民眾和愈來愈多的學者而言，在憲法法院判決案件是法官的工作，他們有權宣告立法無效。偶爾才會有人懷念立法至上、權力分立以及法官在法律運作過程扮演的有限司法角色，而且人數還在急遽減少之中。憲法判決通常充滿魅力，吸引大眾與媒體的目光，此點普通法院判決甚少能及。的確，大陸法傳統要求普通法院法官避免高調，如無名公務員默默恪遵立法的意志。相反地，憲法法院的法官是知名人物；他們的投票和見解都是新聞，都是輿論焦點。他們的判決展現的不是傳統大陸法學術的概念結構與風格，使用的語彙和觀念也非法律科學所慣用（因此他們被說是不科學的，在此意義上這個說法並沒有錯）。如此一來，去法典化造成的「法確定性」喪失，又因失去法律科學的邏輯結構而更加擴大，簡言之，第十二章所描述關於法律運作過程的每一個面向，均因憲政主義的發展而受到破壞。

　　歐盟的發展以及歐洲人權公約的法律設計促使舊制加速瓦解。歐洲法院有權擱置牴觸共同體法的內國法；歐洲法就

如同美國憲法下的聯邦法，具有最高性。各國法院被要求拒絕適用牴觸共同體法的內國法，共同體法的解釋問題也須移交歐洲法院。違反歐洲人權公約的內國法，可在歐盟執行委員會以及歐洲人權法院提出異議。國家對內與對外的主權大為降低。對內而言，人權的發展以及對團體和階級利益的承認使得主權從國家移轉至個人、團體和階級之上；對外而言，歐洲法與歐洲人權公約的地位日增，使得主權從國家移轉至國際主體之上。

思量這些事件，有些觀察家將之比擬中世紀時期，當時歐洲統一在羅馬民法─教會法的共同法之下，在歷經數個世紀對民族國家的過度崇尚之後，建立在歐洲共同文化和利益之上的歐盟法和歐洲人權公約，成為這些觀察家眼中新歐洲共同法的基礎，而普通法傳統發源地英國亦為歐盟成員國以及歐洲人權公約的締約國，也讓他們看見大陸法和普通法傳統重建友好關係的可能性，或是必要性。儘管有諸多困難與挫折，但歐洲聯邦主義仍是一股活力充沛的重要力量，影響當代大陸法（與普通法）體制的重大發展。

當然，法律的改變無可避免，而我們也在本書中描述了大陸法傳統中的主要改變。在1800年描述大陸法傳統的觀察家，不論心思如何縝密，也決難預料或察覺我們如今形容的大陸法傳統特點。正如本書第一版（1969年）呈現的內容，亦不會與我們在此所述者相同。

傳統的定義是指某種具有延續性，而看似反對創新與改變之物。大陸法傳統的改變是否就意味著它的式微？顯然不是。誠如赫拉克里特斯（Heraclitus）所察：河水不停流動，我們永不可能在相同的河水中洗淨兩次。傳統雖然會變，它是循著模式在變，有條依循的路徑。改變社會的力量必然會影響整個法律體制，但所有變化都是由先前經歷決定。改變，象徵生命的延續。

雖然去法典化、憲政主義以及聯邦主義的發展帶來劇烈衝擊，但據以假定大陸法傳統正在喪失生命力，就未免有失精準。相反地，它可能比以前更有活力。就如本書必然提到的早期主要發展——羅馬法的不同生命型態與階段；教會法的興亡盛衰；商法的獨自崛起、演進和最終的整併；革命運動的一連串劇變；以及法律科學所建構驚人的知識體系，有朝一日大陸法子傳統必然會再增加第六個。我們不知道未來的觀察家會如何稱呼與描述它，但我們可以確信，這個西方法律傳統中最古老也最具影響力的一支，已然進入了嶄新而充滿活力的發展階段。

# 延伸閱讀

## RECOMMENDED READINGS

### ON THE CIVIL LAW GENERALLY

René David and John E. C. Brierly. *Major Legal Systems in the World Today.* 2d ed. New York: The Free Press, 1978.

This work, basically a translation of David's important book *Les Grandes Systèmes de droit contemporains,* contains a discussion (pp. 21–118) of what he calls "the Romano-Germanic family." Professor David talks about a number of matters that I have discussed, but his emphasis and point of view are often quite different.

Mary Ann Glendon, Michael W. Gordon, and Christopher Osakwe. *Comparative Legal Traditions in a Nutshell.* St. Paul, Minn.: West Publishing Company, 1982.

This volume includes a good discussion of *The Civil Law Tradition* by Professor Glendon.

John Henry Merryman and David S. Clark. *Comparative Law: Western European and Latin American Legal Systems—Cases and Materials.* Indianapolis: Bobbs-Merrill, 1978.

Like the Schlesinger and the Von Mehren and Gordley books (see below), this book is intended for use in law school courses. It is unique, however, in describing the Italian, Spanish, and Latin American legal systems, as well as the French and German legal systems.

Lawrence Friedman and Rogelio Pérez-Perdomo (eds). *Legal Culture in the Age of Globalization: Latin America and Latin Europe.* Palo Alto, Calif.: Stanford University Press, 2003.

This is a collective volume on the transformations of law and legal cultures of Argentina, Brazil, Chile, Colombia, France, Italy, Mexico, and Venezuela and several comparative studies.

K. W. Ryan. *An Introduction to the Civil Law.* Brisbane: The Law Book Company of Australasia, 1962.

This is a useful survey of the principal rules and institutions of the civil law, but it is based almost entirely on French and German law. The book includes an excellent but overly brief historical and general descriptive introduction.

Rudolph B. Schlesinger. *Comparative Law: Cases-Text-Materials.* 4th ed. Mincola, N.Y.: Foundation Press, 1980.

大陸法傳統

Arthur Taylor Von Mehren and James Russell Gordley. *The Civil Law System: An Introduction to the Comparative Study of Law.* Boston: Little, Brown, 1977.

Schlesinger as well as Von Mehren and Gordley have prepared their books for use in law school courses, and the material is likely to baffle those who are unaccus-

## Recommended Readings

tomed to law school textbooks. Schlesinger's is the easier of the two and therefore the more useful for the general reader. Both works focus exclusively on French and German law.

Konrad Zweigert and Hein Kötz. *Comparative Law.* 3d ed. Oxford: Clarendon Press, 1998.

### ON ELEMENTS OF THE CIVIL LAW TRADITION

#### Roman Law

F. H. Lawson. *A Common Lawyer Looks at the Civil Law.* Ann Arbor: University of Michigan Law School, 1953.

This delightful book consists of a set of lectures whose principal topic is the influence of Roman law on contemporary civil law. In addition, the author illuminates many other aspects of the civil law tradition with style, wit, and insight. Essential reading.

Hans Julius Wolff. *Roman Law: An Historical Introduction.* Norman: University of Oklahoma Press, 1951.

An excellent historical survey. The last chapter, describing the evolution of Roman civil law after Justinian's compilation, is particularly recommended.

Peter Stein. *Roman Law in European History.* Cambridge: Cambridge University Press, 1999.

An updated and very complete treatment of the subject.

#### Canon Law

*A General Survey of Events, Sources, Persons, and Movements in Continental Legal History.* Boston: Little, Brown, 1912.

Part IX is a twenty-page discussion of canon law in European legal history.

John Henry Wigmore. *A Panorama of the World's Legal Systems.* Washington, D.C.: Washington Law Book Company, 1928.

Chapter XIV of this illustrated survey is devoted to canon law.

Constant van de Wiel. *History of Canon Law.* Leuven, Belgium: Peeters Press, 1991.

#### Commercial Law

W. A. Bewes. *The Romance of the Law Merchant.* London: Sweet and Maxwell, 1923.

William Mitchell. *An Essay on the Early History of the Law Merchant.* Cambridge: Cambridge University Press, 1904.

Mitchell's is the better book and more demanding of the reader. Bewes's work is simpler and somewhat erratically romantic. Both are quite brief.

## The Role of Judges

John P. Dawson. *The Oracles of the Law.* Ann Arbor: University of Michigan Law School, 1968.

## Recommended Readings

This book describes, in rich detail, the development of the judicial traditions in Rome, England, France, and Germany from early times to the twentieth century. Although the prose style is eminently readable, this book may prove heavy going for the amateur of comparative law; but it is worth the effort.

Neal Tate and Torbjorn Vallinder (eds). *The Global Expansion of the Judicial Power.* New York: New York University Press, 1995.

An important reader for the increased importance of judges in present time.

## Lawyers

Richard Abel and Philip Lewis (eds). *Lawyers of the World.* Vol. III: Civil Law Systems. Berkeley: University of California Press, 1988.

David Clark. "Comparing the Work and Organization of Lawyers Worldwide: The Persistence of Legal Traditions." In John Barceló III and Roger Camton (eds). *Lawyers' Practice and Ideals: A Comparative View.* New York: Kluwer Law International, 1999.

Rogelio Pérez Perdomo. *Latin American Lawyers.* Palo Alto, Calif.: Stanford University Press, 2006.

## On Procedural Law

Adhémar Esmein. *A History of Continental Criminal Procedure with Special Reference to France.* Translated by John Simpson. Boston: Little, Brown, 1913.

This is a classical book on the history of criminal procedure in Continental Europe.

John A. Jolowicz. *On Civil Procedure.* Cambridge: Cambridge University Press, 2000.

A good treatment of recent changes in comparative perspective.

ON THE LAW OF SPECIFIC NATIONS OR AREAS

In addition to the works listed below, useful brief descriptions of national legal systems may be found in Volume I of the *International Encyclopedia of Comparative Law.* Tübingen: J. C. B. Mohr; The Hague and Paris: Mouton. v.d.

Herbert Kritzer (ed). *Legal Systems of the World: A Political, Social and Cultural Encyclopedia.* Santa Barbara, Calif.: Abc-clio, 2002.

## France

René David. *French Law: Its Structure, Sources, and Methodology.* Translated by Michael Kindred. Baton Rouge: Louisiana State University Press, 1972.

This excellent book by an eminent French scholar comprehensively surveys the French legal system in a readable and authoritative style. Essential reading.

# Recommended Readings

F. H. Lawson, E. A. Anton, and L. Neville Brown (eds). *Amos & Walton's Introduction to French Law.* 3d ed. Oxford: Clarendon Press, 1967.

A survey of French private law, with a good (though brief) systemic and historical introduction.

## Germany

E. J. Cohn. *Manual of German Law.* Vol. 1. Dobbs Ferry, N.Y.: Oceana Publications, 1968.

Chapters 1 and 2 of this excellent work provide brief introductions to the German legal system and to the general part of the civil law.

Norbert Horn, Hein Kötz, and Hans G. Leser. *German Private and Commercial Law: An Introduction.* Translated by Tony Weir. Oxford: Clarendon Press, 1982.

The first few chapters of this readable and authoritative work provide a historical and systemic overview of German law.

## Italy

Mauro Cappelletti, John Henry Merryman, and Joseph M. Perillo. *The Italian Legal System: An Introduction.* Stanford, Calif.: Stanford University Press, 1967.

The first work in English on the Italian legal system, now somewhat out of date.

Jeffrey S. Lena and Ugo Mattei (eds). *Introduction to Italian Law.* New York: Kluwer Law International, 2002.

This useful book contains articles on the Italian legal system by a number of Italian scholars.

## Mexico

Guillermo Floris Margadant S. *An Introduction to the History of Mexican Law.* Dobbs Ferry, N.Y.: Oceana Publications, 1983.

As the title indicates, this work by a respected Mexican scholar emphasizes history, but it also contains incidental systemic information.

### Latin America

Ángel Oquendo. *Latin American Law*. New York: Foundation Press, 2006.

An up-to-date reader on changes in the Latin American legal systems specially designed for teaching the subject in American law schools.

Kenneth L. Karst. *Latin American Legal Institutions: Problems for Comparative Study*. Los Angeles: UCLA Latin American Center, 1966.

Although intended for use in law school courses, this book contains a wealth of fascinating material and is so well organized that it is highly accessible to nonlawyers.

# 譯后記——作爲一輩子的朋友

## 壹、版本

本書成名甚早（首版出於上世紀中葉），並發展出一系列的延伸作品[1]，在比較法領域享有盛名[2]，本書推薦者本身

---

[1] 同樣由作者參與編著的教科書——*Comparative Law: Western European and Latin American Legal Systems*——自1978首版後，曾於1994大幅增補（更名為: *The Civil Law Tradition: Europe, Latin America, and East Asia*），將東亞諸國法制納入比較之列；其後更分為歷史源流（書名：*Comparative Law: Historical Developmentof the Civil Law Tradition in Europe, Latin America, and East Asia*）與當前發展（書名：*The Contemporary Civil Law Tradition: Europe, Latin America, and East Asia*）兩鉅冊，分別於2010及2015年出版。

[2] 本書所附推薦序文已有介紹。另以邇近諸國為例，一般性教科書如大木雅夫，比較法講義，東京大學出版會，1992，在頁170處即引用第一版（詳本書第五章，頁39-41）講述以法典化及其數量作為判斷法律傳統的迷思，另在頁316處也討論不同法律傳統下法官的形象與地位的比較（詳本書第六章，頁50-51）。單篇論文，大陸比較法學者的介紹如：何勤華之〈关于大陆法系研究的几个问题〉、〈大陸法系變遷考〉等數篇論文。

各分支領域的應用，如Craig M. Lawson, Foreign Legal Study and the Nature of Comparative Law, in: Selected Problems in Contemporary Comparative Law-Festschrfit for Dr. Chin Kim, Dae Won Publishing Co., 1987, pp.165-186；氏在頁177引述1985年之第二版中關於法律傳統的定義（詳本書第一章，頁3），並用於比較各國關於醫療法上「告知後同意」的實踐情形。如以筆者較熟悉的稅法領域，比較稅法學者Victor Thuronyi便在其名著《比較稅法》之中，直接引用1985年之第二版關於法律傳統的定義，作為其分辨稅法學傳統

豐富多元的閱歷,可知其一二。惟至今流傳的譯本似已不易尋得[3]。本書譯自第三版(2007),先前在中文世界有第一版(1978,原文出版於1969年)與第二版(2004,原文於1985年出版)的譯本,本書所附推薦序文已有詳細論及。另值一提者為,原文第四版已於2018年末出版,距初版問世已超過五十年,其價值歷久彌新可見,也有賴後繼譯者將之發揚光大,不用再等十年。

以下擬就本版譯本中幾個貫穿全書而不易翻譯的關鍵詞語,略述譯途上的點滴歷程。同時,譯者亦從事相關教學與研究工作,在此也後設性地將譯者對翻譯上若干不成熟的想法化為具體文字,作為日後反省之用,儘管不免流於後見諸葛,但見證了將各種經驗歸納求證結果的「殘缺之美」。

---

中各要素的出發點,詳V. Thuronyi et al, Comparative Tax law, 2nd edition, Wolters Kluwer, 2016, p.2.

[3] 除中譯本(含本書共三種)外,已知另有西班牙文(兩種)、葡萄牙文、義大利文、韓文以及阿爾巴尼亞文。感謝本書作者與史丹福大學法學院圖書館之提供相關資訊。

## 貳、說明

### (一) 策略與示例

### 1. folklore

此字在本書第61頁第一次出現，最直接對應的中文用語可能是「民俗學」、「民俗」等，在此不易直取其字。從全書脈絡以觀，作者實欲突顯大陸法傳統中司法程序有一套默循的處理方式；而此種做事的潛規則沒有明文的規定，但是大家都根據此法比照辦理。同時，作者並認為此種方式不僅爭議日多且逐漸式微，因此略帶貶意。

最初數版的譯稿曾將其譯為「傳聞說法」、「甚囂塵上的說法」等等；儘管試圖兼顧法律術語、作者評價以及可讀性，卻始終略有所偏，而無法說服自己和整個團隊。

其後重新思索中文可資對照的關聯字詞，譯者與團隊幾曾考慮過的替代方案，諸如：「風氣」、「通說」、「多數說」、「接地氣」、「潛規則」、「模版思維」、「一般作業標準（或SOP）」、「迷思」、「迷信」、「盲思」、「成規」、「思考慣性」、「執念」、「根深蒂固的偏見」、「社會觀念」、「一般社會通念」等等，最終則權以相關語義元素（如：源於傳統、不易動搖、有悖理性、法未明文、

迭有爭議等等特性），以「成規思維（模式）」名之。

由此可知，譯者（或讀者）對於作者原意的探知解讀繫於多因。從而，各譯語舉凡術語或難詞、文言或白話，乃至於結構上斷句或重組的擇採選用，多經反覆推敲與討論，更賴激盪之後靈光乍現。

## 2. validity與utility

這組字同時登場，第一次在本書第93頁，但單就validity而言，則首見於第40頁。其中，validity作為一法律術語（特別在大陸法傳統的文化脈絡中），具有特殊的意涵。但即便如此，在法學領域之中「有效性」（或「有效與否」）、「合法性」、「正當性」三者間的交互使用仍十分常見。簡言之，法律規範是否具有效力，其前提在於是否合法，亦即是否具備正當性的基礎。此無論基於比較法或中文的語用關係，validity此字確實同時指涉數層意義。

若從本書結構的安排設想，作者的思路始於法典（第五章）討論法典形式的「有效性」（合法性），再於法律解釋（第七章）討論法官對於法律之解釋的「有效性」（合法性）；其後在第十章從法律學者討論實證法上的「有效性」，再同時帶出此規範所發揮的效用（utility）問題。[4]此

--------

[4] 作者在書中也曾使用其他用語來表達相同概念，如efficacy（原文頁75）、usefulness（原文頁98）等。

後在討論民法總則（第十一章）與法律分類（第十四章）等主題時，才一併討論「有效與否」和「效用多寡」二者。最後，則在第十八章討論審查立法的形式與實質正當性（有效性）作收。

由此可知，「效用（多寡）」一詞是作為「有效性」的對照概念，同時其意也隨之連動，意指規範真正發揮的功效。至於以utility作為與validity的對照概念，作者或許也不甚滿意，有時以efficacy或usefulness代之，且在稍後版次亦未見統一。本書所使用的中文譯語，則單純借用當代經濟學中「效用（utility）」的概念用語，但取其字，其義反而與現代經濟學另一術語「實效（effectiveness）」更為接近。

至於validity的中文譯語，如將「有效性」與「合法性」或「正當性」交互使用，中文語意難免有失精確，對一般讀者也易生誤會。考量utility譯為「效用」與「有效性」較具連用關係，是以多以「有效性」或「有效與否」或譯之。

另第十八章關於立法行為的合憲性審查，如譯為「合法性」審查，則可能另有所指而有不宜之處。是以本章關於立法行為其形式上與實質上的有效性，一律譯為「正當性」，取其憲法上之正當性基礎（constitutional validity）之意（本書頁190）。

## (二) 譯者譯觀

譯者所抱持的語言觀為，不同語言所描繪出的世界，不盡相同、各有所重。此在同一文本之中如此，即便出自同一人之手亦然。翻譯涉及不同語言或文字間的轉換，因此上述命題亦不失為真，淺見如下。

譯者在翻譯過程中，即便堅守原義，仍難以全身而退，此為其一。譯者與文本作者未必同一人，此為其二。而即使是同一人，其結果也未必如出一轍；例如將自己的英文作品自行譯成中文即一適例，而且反之亦然。此除因異時異地而處的差別之外，更在於論述系統的不同，也就是所使用的語言本身使然。

從而，譯者（譯本）得以建構出自己的平行時空，當中部分可能不涉及專業，也可能與譯者無關，更可能與作者身影漸行漸遠，而是出自該語言系統內生的價值判斷模式。

譯者如欲正視此事，或許先應回歸心態的調整。當譯者之專業領域與作者相同，而且所譯出的語言為其母語之時，此事特別明顯。舉例而言，譯者針對特定主題如已有定見，則在與作者對話時，毋寧是一個說服自己的過程（狀況一）。譯者是否以遁入中文母語的方式來規避誤解或自圓其說（狀況二），亦值深究。兩種狀況，可以透過不同人的校對與討論來發現，但困難之處，在於如何解決。

　　筆者所認為的解決方式，始於一種對翻譯「原則」與「例外」二者界線模糊，且時而反客為主的前提認知。[5]進一步來說，在與作者的說服過程中，如無法以一種妥協與底限心態進行溝通談判，則將不免進退失據。是以，譯者在當初所設定的若干原則，於最終大功告成為止，勢必歷經千錘百鍊，也充滿了妥協與扭曲。反映在譯者的心境上，不僅是要消泯以專業人士自居的小我心態，更應自許要有成事不必然在我的大我氣度；然而，這極有可能是永劫的難題，因為譯者的「職人心態」經常會使自己陷入吹毛求疵的無限循環。

　　具體來說，當作者所學背景與譯者相近時，譯者確實能利用專業知識的平台而提昇對文本的掌握，但同時也可能流於過度主觀而不自知，甚至將自己轉變為單純的評論者，甚至一躍成為直覺式的道德相對主義者（此事或許在文本內容充滿價值判斷立場的情形會更為嚴重）。放大來看，譯者如欲從事特定類型文本的翻譯而學習相關知識作為輔助，則須戒之慎之的，反而是不要被專業卻略嫌單薄的理性所束縛。

　　專業的技術理性已足致此，以母語自恃者必有過之。為

- - - - - - - - - - - - - - - -

5 直言之，就是隨時準備「砍掉重練」或「系統還原」。否則，成就圓融而犧牲個性，反而忘了鳳毛麟角才是天下慕之。若可以將翻譯原則比擬為法律學術研究，則是為了成全條理化的體系思維，而忽略容許個案存在的本質。

免墮入自我打造的母語牢籠，方法之一便是體悟語言本身的生命力以及伴隨而來自發的創造性。換言之，譯者一時半刻的嘔心瀝血，不過是語言歷史長河中的一瞬之間，其義無時無刻都在改變，都在被取代，因此譯者是否為母語者，早已不再重要。或者說，更重要的是隨時以充實新知或適應新環境的態度，來面對同樣的文字與文本。就此點而言，應與專業知識的學習心態無異。

畢竟，從語言系統本身具有自生創造性而言，譯者與其說是作者的代言人，倒不如說是其語言系統的發揚者。而如將法律學也視為一種語言系統，則其相關的術語便是「法律語言」的詞彙，法律語言作為一種人類行為的價值判斷模式，自也不足為奇。

至於若干法學翻譯上的心得，以下寥寥數語不揣譾陋，期與有興趣的讀者共勉。

## 參、致讀者——建立「跨域、比較」的思維

### (一) 對初譯法律文本之人——「跨法域」的整體性思維

作為學術性著作，作者兼顧專業知識的精準度，文字的表現上可能會比較客觀，雖然仍有個人主觀成分，個人主觀性的用字遣詞可能較為收斂。

　　而同時要作為一本人人可讀的隨身讀物，本書無論從文字（英文用字並不困難）或內容（法律術語也不多），均較於當代或更早期的作品平易近人。本書所附推薦序文亦有提及。

## 3. Lawyer(s)、law與legislation

　　但須注意者為，若干看似輕描淡寫，稀鬆平常的字詞，對法律人而言可能是討論不休的話題。舉例而言，充斥本書各處的「lawyers」此字，可能既指「法律人」又指「律師」，甚至有「法律研究者」之意；而在各處之中均以「法律人」代之，又會產生有失流暢、甚至文意不清，的情形，從而必須個案處理。

　　所幸內容的理解相對容易，似毋需特別強求對照的中文相關的法律概念或述語。因此，建議法律譯者藉此建立「跨法域」思維的認知，亦即例如「law」與「legislation」二者之關係。前者可以泛指法律的通稱，後者單指國家制定的成文法條。此部分本書所附推薦序文也有提及。推之，前者也可以是後者的上位概念，後者則是前者的一個具體例子。[6]

　　因此，在此所謂的跨法域，強調的是將各種法律術語當成一個整體性知識的一部。

------------

[6] 此部分的區辨，或可參照拙譯，《美國法制概述》，五南，2019.4.，用語說明。

(二) 對於初學法律之人——「跨學門」的比較性思維

另外，相較前述「lawyer」譯法所提及一般人可能不會注意到的法律語義一事，也有若干對法律人而言無傷大雅的選字，對於其他人而言則茲事體大。本書中關於「legal system」的譯法，正是如此這般地費盡思量。

## 4. Legal system 與 legal tradition

堪稱本書最為核心的概念，同時也出現在本書的書名之中的，正是「legal tradition」，本書譯之為「法律傳統」或「法傳統」。先前的兩個中文版均使用「法系」。

作者雖有針對法律傳統直接定義（本書頁3），強調的是在社會進程之中的法律面向，本書所附諸推薦序文亦有提及。不過作者真正（也是首次）向讀者介紹這個概念（本書頁1），是透過與「legal system」概念的對比，本書譯之為「法律制度」、「法律體制」或「法律系統」等語，理由詳後。過去的版次，首版譯之為「法制」，與「法系」工整對仗（其頁1）；二版則譯為「法律制度」（其頁1）。

事實上，作者在帶出「legal system」的概念後，便隨即將之定義為「an operating set of legal institutions, procedures, and rules）」，也就一套由職司法律的機構、程序以及規則所組成的運作機制。此種「制度主義」式的定

義，反襯出作者「社會建構主義」式的比較法思維。此後在本書之中，作者透過此種法律「制度」（或「體制」、「系統」）一經確立之後，如何與時代精神共進或退轉的問題，展開了「現制」與「現實」的交互作用。在此所指的時代精神（即「大陸法傳統」），包含理性主義、憲政民主等足以牽動社會發展的當代思潮；由此可知，「法系」的中文用語，雖有取自「系譜」之義而寓有「傳統」之意，但似也難脫「家族（families）、群體（groups）」的範疇（本書頁1，第三段）[7]，若作為與「法制」對照，其相輔相成之意較多，分庭抗禮的成分反而較少。[8]

關於「legal system」在中譯用語的選取，譯者與團隊的主要選項是「制度」、「體制」、與「系統」三者。由於「legal system」的法律意義本即不甚精確，容有透過翻譯詮釋的空間。然而在同一文本之中依照文脈擇用三者的結果，鑑於三者在其他鄰近學科均有較為精確的定義，在不同學門交集之處就會停頓或不必要的誤會。

因此，譯者與團隊先初步界定三者之間關係，以「制度」作為基準。首先，「體制」相較於「制度」而言，指

---

[7] 首版在此通譯為「類」，二版譯為「類或系」，本版次譯為「某類或某族」。

[8] 實則，第一版譯為「大陸法系之傳統」，已有將法系與傳統二者區別之意，從而更加強「家族、群體」等分類學上的意義。

的是規模較大的結構體（如一國法律體制），當中可能包括各式具體的制度（如司法部門的法院制度）。其次，「體制」、「制度」之於「系統」，即便均指同一對象（無論是一國法律體制或法院制度），但前二者強調一個結構體靜態的組織架構，後者則著眼於結構體內部組織架構之中各個部位的連結性與互動關係，也就是此一結構有機、動態的面向。

此種初步的關係設定後，可能會產生若干後續影響有待處理。首先，作者對於「legal system」的定義中，曾使用「legal institution」（本書譯作「職司法律的機構」），二者關係何如。譯者與團隊認為，後者偏重具體而特定的設置，性質上與定義中的「程序（procedures）」和「規則（rules）」等，均指向「legal system」的靜態面。

其次，三個譯語的使用時機，是否應有一明確的翻譯原則。若從可讀性觀點，反而應該追求用語的一致性而只擇其一，以杜絕不必要的誤解。不過誠如前述，「legal system」本身文義便有伸縮的空間，即便統一譯語也不免（或甚至強化）有誤解的可能。譯者與團隊的想法認為，可從作者對於「legal system」的評價出發。

申之，作者在書中一貫的主張在於重視法制背後社會思潮的趨力與進展，從而一個好的「legal system」應該與時俱進，並能夠接受改革。作者曾以「machine（第六、七、十二章）」、「box（特別是第八章）」等字形容法律條文

本身和其在適用上的僵固性可知,「legal system」一詞,
作者在討論大陸法國家的「legal system」時,試圖將之
「還原」成為在概念上視作一價值中立的客觀之物,至於所
評價的對象,則是特定「legal system」因其所身處的法律
傳統所帶有的文化特徵。

(三) 補論及示例

然而,單知作者對特定用語的價值判斷如何,並未解
決在譯語上是否統一的問題。因為問題的癥結點之一可能
在於作者的用字習慣(或風格),就像譯者在譯語選擇上
也有特定偏好(或風格)。詳言之,以上揭「legalsystem」
或「system」為例,即便都是作者所定義的對象,但在一些
段落中指的是一個國家的整個法律體制,其他段落則專指
私有財產制度(如原文頁70)。另外就譯者而言,對應之
中文譯語也取決於連用關係,例如,英文同為「system (of
courts)」,原則上,中文譯語如搭配詞是「司法」、「審
判」則用「系統」,搭配的是「法院」,則可能使用「體
系」。以下試舉一例說明之。

作者在第八章(確定與衡平)曾提到英國法院制度的變
遷(原文頁51),其中段落摘錄如下[9]:

---

[9] [...]表省略的斷句或句子。另底線為筆者強調所加。

So for several centuries two separate systems of justice existed in England: [⋯].[⋯]Eventually the separate systems of courts [⋯] were abolished, [⋯]. [⋯].

首版的譯文為:

英國歷經數世紀之久,一直保持著二個分開的司法系統。[⋯][⋯]到了最後,取消了這種法院與法院分開的制度,[⋯]。[⋯]。

二版的譯文為:

在几個世紀中,英國一直存在兩套獨立的体系:[⋯]。[⋯]。最后這兩套獨立法院制度[⋯]被合并,[⋯]。

本版次譯為:

因此幾個世紀以來,英格蘭存在兩套各自獨立的審判系統:[⋯]。[⋯]到了最後,[⋯]普通法與衡平法分立的法院系統廢除,[⋯]。[⋯]。

要言之,在原文中,該段出現兩次「system」。首字的譯語,第一版譯文使用「(司法)系統」(其頁63),二版則用「體系」(其頁52),其所搭配的詞是在同句後半的「法院」(在此略)。至於次字的譯語,兩個版次則同時譯

為「制度」，但搭配的詞也同為「法院」，不過譯法不同。另本版譯文，二字均譯為「系統」，但所搭配的中文詞前者為「審判」，後者為「法院」，有所不同。譯法也與前二版次譯本有別。是以譯者斟酌作者對此一用語的態度的同時，也應從上下段落中體會作者的用字習慣。

承上可知，由於「system」同時指涉多層意義，且所選之譯語「體制」又無法予以窮盡，因此以下嘗試以之為例製表說明翻譯的對策；至於其他具體各處如何計較衡量，且容不再贅述。[9a]

---

[9a] 應予一提者為，譯者與團隊在進行最終校稿時，特別就「legal system」一詞進行分析，曾針對修正前的中譯版本所使用之中譯語作初步統計，其中「制度」出現114次、「體制」128次、「系統」59次、「體系」72次。對之，英文原文中出現「(legal) system」字眼的次數則為305次。若從所使用譯語在各章的分布情形以觀，作者對於「(legal) system」的使用並不一致，從而可推斷，作者所指涉的定義已不只一端，而且有隨著脈絡而改變的情形。舉例而言，一開始多意指一國的法律體制，其後則多半強調法律體系，法官章節則為審判系統，訴訟程序為具有「制度（設計）」之意。具體呈現詳見本文製表說明。

| 作者<br>指涉 | 譯者<br>延伸 | 個別譯語（與使用場合） |
|---|---|---|
| 1.體制 | 指整個國家制度，靜態面向 | 「體制」 |
| 2.制度* | 指特定法律制度，靜態面向 | 「制」、「機制」、「制度」、「制度設計」、「機構」 |
| 3.系統** | 指該體制或制度的運作過程或其與當中人員的互動狀態，偏動態面向。 | 「系統」：用於職司法律機構（如法院或行政機關）之運作 |
| | | 「體系」：用於特定知識體系，或法律領域（「bodies of law」）。如：「學理體系」 |

* 附帶一提的是，作者使用「legal institution」前後有不
  試從作者慣用的搭配詞與或概念作為線索，如「概念

**1. 將作者脈絡中具有制度層次意義者譯為「系統」，
  特定法律制度是學理意識型態的展現。

2. 「系統」一詞的使用，也可以解釋為一種抽象法律
  「model（模型）」、「data（資料）」、「material

3. 原文非關上涉「system」脈絡而中文譯為「體系」
  成員〔如行政機關之公務員，法院之法官，如：官僚

| 搭配詞（與譯語） |
| --- |
| 「rules, institutions, procedures（規則、建置以及程序）」、codes（法典）、state（國家） |
| （較無顯例。） |
| 如：（司法）審判系統或法院系統（「(system) of justice」、「judicial (system)」、「court (systems)」等）。 |
| 「principle（原則）」、「concept（概念）」、「coherent（前後連貫）」、「(system-)building（建構）」「（秩序）」、「institution（具體建置）」等;。 |

一致；一開始指機構，後來指制度。在翻譯策略上，嘗
與建置（concept and institution）」。
其與「體系」二者之間有時為具體與抽象的關係，如：

學理的比喻手法，搭配資訊處理的方法論用語，如
（素材）」等。
或「系統」者，取捨標準為：「體系」用於機構內部的
體系（bureaucratic career）、職務體系（service）」。

綜上，譯者與團隊在此的對策，可以歸結以下原則：

I. 首先，此處的「system」是否屬作者討論脈絡中所欲定義的用語；

II. 若是，則此處的「system」是否已有特別翻譯方式〔如「微法律體系（microsystem of law）」〕；

III. 若無，則此處的「system」在意義上可能屬於「體制」、「制度」或「系統」等何種層次的意義；

IV. 若能確定何種意義層次後，可選擇的譯語為何（如為系統的意義層次，應譯為「體系」或「系統」為妥）；

V. 是否有意在言外而毋需譯出較佳〔如法學教育（legal education system）〕；

VI. 選出譯語或對策後，前後文的類似用語或搭配詞，如何調整使語氣順暢〔（如establishment是否譯為「制度設計」〕等。

回歸前述「跨學門」的比較性思維，對於初習法律之人而言，特別是先前已具備其他專業背景之人言，毋寧是回歸本心，尋找自身譯文在文本所涉知識座標系統中定位的問題；或者說，專業知識應是作為活化譯語之用。

(四) 小結：三種法律術語類型

承前第貳、參部分所舉四處翻譯示例（即標號1.~4.）

可知，法律翻譯有賴文本內容、譯者法律專業、作者思想呈現，以及譯者對於前述三個要素的處理（也就筆者所謂的譯者心態調整）。至於法律翻譯所遭遇的特殊難題，則可以至少具體化為三類。其一為作者賦予特殊意義的用語（如上述folklore）；其二為跨領域的專業術語（如上述validity、utility、system等）；最後則是帶有特殊法律意義的日常用語（如lawyers, law等）。而解決方式，首重心態的調適。

## 肆、兼讀者序

實則濫竽教席之初，曾講授法學緒論與英美法導論數年；其後開設法學外文概論、法學英文與法律翻譯等課程，並嘗試將外語與法學結合深化，提供同學多元思考的基礎。當時無論大學部或研究所課程，靈感泰半取自本書，進度則隨課堂狀況調整取捨。在此必須特別感謝中國文化大學法律學系國際法中心召集人王志文老師以及林信和、李復甸、何曜琛、林恆志、許惠峰、鄭欽哲、方元沂以及戴銘昇等老師給予鼓勵。如今法學院比較法研究中心已成立有年，幸得林柏杉、謝庭晃、王萱琳、劉臺強、蔡孟彥、吳淑如等同道師友的支持。其後並與吳淑如教授共同開授「比較法概論」，作為「比較法暨法律翻譯學程」之基礎核心課程，可謂推動與深化本院基礎法學與外語閱讀能力的重要一步。

　　就個人言，能在工作上找到與志業相結合之處並不容易。元駿為學習法約莫十年，深知較同儕不敏，而迭受師長、同輩以及學弟妹包容。畢業後有幸謀得教職，更蒙長輩同仁以鼓勵替代批評；悠悠匆匆，誨人時日不覺也過十年。二十年來峰迴路轉，參不透箇中禪味，只知環境使人成長，師長教誨尤為關鍵。當中，與此書結緣即是一例。

　　初識本書，為十多年前的日本見學時期。當時課堂上教授介紹此書，或許是不經意的那麼一句：「這本書可以作為法律人一輩子的朋友（This is a book for life）。」此後竟影響一名台灣學生至今；最後更真正內化為自己一部分，成為授課分享的內容。

　　猶記講述本書革命運動章節時，於課堂播放電影《費城》男主角演唱歌劇片段，並特別介紹劇中女伶所唱詞句，用以反襯革命運動榮光背後的黑暗。事後曾自忖，不知此舉能否令大學新鮮人略會時代變革的波瀾與沈重。孰料不久即有同學在教學回饋中特別述及此事令其印象深刻等語。

　　回首任教以來，多因能力不足時有咬緊牙關之日。一日法學緒論中堂下課小解，適欲仰頭輕嘆，壁上一段文字已強入眼簾：

The most glorious moments in your life are not the so-called days of success, but rather those days when out of dejection and despair you feel rise in you a challenge to life, and the promise of future accomplishments.[11]

> 最光輝的時刻不是成功的時候，而是那段成功無望，但心中依舊對未來充滿憧憬，並且用無比勇氣堅持下去的日子。

而這位熱心給予教學回饋的同學所不知者，是這兩段話曾一直作為自己在這條路上持續堅持的動力，更促成以翻譯此書為首，走上經典譯途的心願。每當課後以舟車勞頓身心在北車附近咖啡店角落，拉下掩面雙手、撐開眼皮面對書中密麻小字勇氣的，恐怕也是這些句子。如今歷歷在目，記憶猶新。此刻細讀，舊事不斷湧現，心境則愈發清新。古云清珠入水，水深一寸心便再清一寸。教學相長的微言大義，似同此埋。

## 伍、誌謝

本書付梓，部分來自中國文化大學法學院比較法研究中

---

11 原文為：Les moments les plus glorieux de votre vie ne sont pas soi-disant les jours de succès, mais plutôt ces joursoù de découragement et de désespoir, vous sentez surgir en vous un défi à la vie et la promesse de futures réalisations.

心贊助，也必須感謝誠遠商務法律事務所周泰維、王健安律師支持；更有賴五南出版社副總編輯劉靜芬小姐以及丞嫻、佳瑩和雅茹等人的專業。慨允賜序的前輩先進，特別是身為原著作者，均不吝提供相關協助，最為感謝，惟因譯者個人因素一再耽誤後製時程，深表歉意。戰友倉寶、道弘以及巧元，仁必有我師般鼓勵自己堅持下去，至為關鍵。團隊之中，法研所朱麗亞、李品嬋、邱翌庭、吳京穎、王昱婷、王秀元、王淑瑩、郭羿伶以及鍾寧、劉沂佳、黃俊翔、陳暘、黃彥鈞等曾協助相關行政事務；另許佳筠、郭奕賢、黃筱嵐、王秉鈞、楊苡薰、王靖昀、蔡承翰、黃禹豪、陳美娘等對部分文稿熱心提供隻字片語，一併致謝。至於高育慈、游幕在翻譯及術語上的專業協助、畏友嘉成適時建言，銘感五內。出版諸事，吳凌瑄和陳怡婷忙於工作論文之餘，仍費心交接相關事務；其後高彬修接續，更悉心對照原文字句逐一與余討論，並於最後關頭協助堅持至最後一字，更現古風；本書能以如此面貌問世，歸功諸此。而當初葛克昌老師、父母親藍獻林先生與王昱之女士，家妹元辰與妹夫主恩、內人佳珍與小女尹秀以及各方知心好友，對己好高騖遠想法給予無限支持，誠實可貴。只道是高人指點、貴人相助、家人支持、同仁砥礪——惜乎個人學殖甚淺，敬祈讀者惠予指正。

## 陸、獻給同學

　　最後，要特別將此書獻給自己第一屆導生。老師總算完成十年前默默許下的心願，要給你們一本自己（翻譯）的法學緒論。遲來的祝福，只盼是一輩子的祝福。但願好些年後路上巧遇，不要壓低帽沿或偷偷催油前進；請別吝於分享自己的近況，或至少在加速駛離前回頭眨個眼什麼的。甚至，又再過好一陣子，路上瞥見顢頇下車，那個緩慢而熟悉的背影時，還會停下來靜靜地看他過馬路，然後按下跑車車窗探頭鼓勵這位即將與神同行的老阿伯，機不可失地還給他那一句曾不時掛在嘴邊的口頭禪：「攸忽～～加個油好嗎？」畢竟，他早已成為你一輩子的朋友，就跟本書一樣。

筆者謹誌

2020.2.

國家圖書館出版品預行編目資料

大陸法傳統——西歐與拉丁美洲的法
律制度概述／John Henry Merryman,
Rogelio Pérez-Perdomo著；藍元駿譯.
-- 初版. -- 臺北市：五南, 2020.03
　　面；　公分
　　譯自：The Civil Law Tradition: An Introduction
to the Legal Systems of Europe and Latin America
　　ISBN 978-957-763-919-6（平裝）
　　1.大陸法系　2.論述分析

580.913　　　　　　　　　　109002641

4S08

# 大陸法傳統──西歐與拉丁美洲的法律制度概述

**The Civil Law Tradition: An Introduction to the
Legal Systems of Europe and Latin America**

| | |
|---|---|
| 作　　　者 ― | John Henry Merryman, Rogelio Pérez-Perdomo |
| 譯　　　者 ― | 藍元駿 |
| 發 行 人 ― | 楊榮川 |
| 總 經 理 ― | 楊士清 |
| 副總編輯 ― | 劉靜芬 |
| 責任編輯 ― | 林佳瑩、高丞嫻、高彬修、陳采婕 |
| 封面設計 ― | 王麗娟 |
| 出 版 者 ― | 五南圖書出版股份有限公司 |
| 地　　　址： | 106台北市大安區和平東路二段339號4樓 |
| 電　　　話： | (02)2705-5066　傳真：(02)2706-6100 |
| 網　　　址： | http://www.wunan.com.tw |
| 電子郵件： | wunan@wunan.com.tw |
| 劃撥帳號： | 01068953 |
| 戶　　　名： | 五南圖書出版股份有限公司 |

法律顧問　林勝安律師事務所　林勝安律師

出版日期　2020年3月初版一刷
定　　價　新臺幣420元